诗经动物笔记

张晓失 — 著

化学工业出版社
·北京·

图书在版编目（CIP）数据

诗经动物笔记/张晓失著.—北京：化学工业出版社，2019.8（2024.9重印）

ISBN 978-7-122-34359-8

Ⅰ.①诗… Ⅱ.①张… Ⅲ.①中华文化-通俗读物 Ⅳ.①K203-49

中国版本图书馆CIP数据核字（2019）第075447号

责任编辑：温建斌　龚风光　　　装帧设计：今亮后声
责任校对：张雨彤

出版发行：化学工业出版社（北京市东城区青年湖南街13号　邮政编码100011）
印　　装：北京建宏印刷有限公司
880mm×1230mm 1/32　印张8　字数152千字　2024年9月北京第1版第4次印刷

购书咨询：010-64518888　售后服务：010 64518899
网　　址：http://www.cip.com.cn
凡购买本书，如有缺损质量问题，本社销售中心负责调换。

定　　价：58.00元　　　　　　　　　　　　　版权所有　违者必究

自序

动物们还在，却不在那个旷野了

三千年前的先祖在旷野奔波的时候，比我们今天看到的动物种类多得多。仅《诗经》里出现的，就有至少136种。

那时的大多数动物们，除了作为食物，基本没什么内涵，也许少数具有图腾意义吧。但终归是简单的，也是鲜美的。它们进入诗歌，带有很大的随意性，通常与先祖的心情有关，就那么信手拈来，做比喻或象征，然后流传三千年，成为一个个沉甸甸的文化符号。

从简单，到厚重，是三千年的文化填充。如今回顾这些或熟悉或陌生的动物，已经不那么"野"了，而是华夏文明的一个个小载体，像被琥珀包裹着一样晶莹剔透，可供反复玩味。但很多时候，我们阅读《诗经》，也只是轻轻地掠过它们，至于它们在时间的长河中，被历代知识分子和普通百姓如何打磨过，却知之甚少。

也许,将动物名字从《诗经》里扒出来,是一项有趣的事情。

这是我夜晚的享受。因为这是埋头于祖先的歌声中的快乐工作。

大多数动物都是今天中国人亲眼见过的,也有少数已成为珍稀品种,变得高贵起来。但这种高贵所蕴含的危机,足以令今天的人们惭愧。而且,我们也不像祖先那样,喜欢将动物编进歌词,显然,随着生存能力的提高,动物在我们生活里,已经被大量出现的肉类食物贬低了。

——同样是食物,动物们在三千年前养育了中华文明,而今却成为文明的牺牲品。这个意义是完全不一样的。前一种方式的死亡,在人类发展史中更具有神圣意义,而后者,是相对庸俗的。所以,祖先愿意使所有生活中遇到或用到的动物——包括苍蝇、老鼠——唱起来、跳起来,其中流露的人与自然的亲切感,是今天所罕见的。

虽然我们并不愿意回归到三千年前的生活环境和生活方式,但,内心深处一种隐隐的渴望,却难以描述和消除,那就是:如果能在享受现代文明生活的同时,像祖先们那样自由奔放于花草、动物繁多的旷野,该多好啊……

旷野大多死了。

　　动物们还在，但它们不在那个旷野了。

　　三千年的世界变化或颠覆，很大很大。

　　这是我夜晚翻阅《诗经》的一点情绪波动。好在，越来越厚重的动物们，用各种被填充的文化趣味，消弭了部分遗憾。将它们单独拿出来赏玩，发现有《诗经》的朴素和单纯做底色，这个世界就仍是有希望的。因为，一代代的人能从那么苍茫的旷野里走出来，造就如此绚丽的世界，就一定有更高的智慧来塑造和维持一种真正的美。

　　这种真正的美，既是人工斧凿的，也是符合自然的。就像猎人养育的鹰犬一样，它们既是宠物，也是战士——即便在离开人群之后，它们也能深深地融于旷野，不被曾经的人味污染、戕害，在树林里、河流边自由散漫地流浪。

　　本书选取《诗经》中 39 种动物，将它们沾染的人味大致表现出来——我是指文化层面。因为从这个层面可以有很多说道，是《诗经》本身没有提供的。但作为我们的文化原典之一，《诗经》的朴素与单纯中，蕴藏着与大自然一样的辽阔与壮美，后来的某些文化发展，都不过是站在其肩膀上而已。所以，朴素与单纯，才是真正的价值所在，如阳光、空气和水。

羔羊：瞳孔扁扁的眼睛流露女性气息 069

鹰：人正与它同奔动物保护名录 075

马：要诗和远方，而非菜市场 081

象：从不与凡角在一起 089

鼠：老鼠依然是老鼠，不是米老鼠 095

貉：贬低它，似有失公允 101

鹿：生活中已经略微神化 107

狍：有才华有贡献？你很像獾子 115

豻：猪可能不同意我的观点 121

羊：『诗三百』之诞生有羊肉背书 127

兔：体验一次祖先的生活 135

兕：落入人间，难免变坏 141

猱：黄山挑夫，人中之『猱』 147

伊威：治牙疼，有奇效 211

蟏蛸：有历史、有文化的蜘蛛 215

宵行：五天即一生，赶紧去相亲 221

蜾蠃：它能美容？那么，它完蛋了 227

蜩螗：再清高也要吃油炸知了猴 233

蚕：虫屎填枕头，清肝明目 239

· 目录 ·

走兽：呦呦鹿鸣

麟：祥瑞仁兽，护风水保庶民　003

豸：超越狼群，轻松联合起来战斗　009

狼：「人烟」覆盖「狼烟」更彻底　015

虎：一声虎啸，万念俱灰　021

豹：何必为世界增加喧嚣　027

熊：霜落熊升树，云外一声鸡　033

狐：人越聪明，将狐狸想象得越「坏」　039

猫：幽幽的眼睛，给世界增添一点浪漫　045

犬：凸显了人的孤独　053

牛：斗牛者，不是英雄　061

蠕虫：喓喓草虫

蜮：它有氰化钾之类的毒药吗　155

蝎：诗意蝴蝶有个煞风景的前世　159

蚕：上等菜肴以奉上宾　165

螽斯：它还有颜面回归《诗经》吗　169

皇螽：太宗啊，您吞的蝗虫是烧熟的吗　175

蟏蛸：做了一辈子害虫，还被美化　181

蛾：当不成宠物，却扮演千年「美眉」　187

苍蝇：单纯、纯洁的人，不视其为敌　193

蟋蟀：偶然获得一次高深体悟　199

蜉蝣：真的比人活得短暂吗　205

走兽
呦呦鹿鸣

麟

麟之趾

振振公子

于嗟麟兮

祥瑞仁兽，护风水保庶民

宝宝两岁半游故宫，先是拔了拔天安门西侧小门的一颗松动的门钉，之后趁人不注意钻进栏杆里，摸皇上家麒麟的脚丫子。这一系列闹腾让我很疲惫——子不教，父之过也！

我就吓唬宝宝：那个可怕的动物叫什么？宝宝居然记得导游的讲解：是麒麟，不可怕！我问：为什么不可怕？宝宝说：麒麟不踩小虫子，不咬小孩子。

我只好指着远处的警察说：再乱摸，警察叔叔要抓的。宝宝嗖地又钻进栏杆，与麒麟在一起，说：抓不着！

麟之趾，振振公子，于嗟麟兮！

（《周南·麟之趾》）

如果古籍记载没错，那么，孔子见过麒麟，并因此决定结束《春秋》的编订工作。时为周敬王九年（鲁哀公十四年），君王打猎，叔孙氏的家臣钥商抓获一尊麒麟，但大家都不识，因为它"麇身、牛尾、狼额、马蹄，有五彩，腹下黄，高丈二"（据《京房易传》），叔孙氏族"以为不祥，弃之郭外"。后来派人

请孔子来辨认,才真相大白,但已经迟了。孔子很悲伤,以袖抹泪。学生子贡颇惊讶,问老师为何如此失态,孔子说:麟之至为明王也,出非其时而见害,吾是以伤之。之后为麒麟写下挽歌——

唐虞世兮麟凤游,
今非其时来何求?
麟兮麟兮我心忧。

当时孔子 71 岁，垂垂老矣！这位人间真麒麟、真龙凤，满腔热血几近干涸，难再沸腾。"吾道穷矣"——他的流泪，并非为自己，而是因为世界无法变好。一位老菩萨的心肠，永怀同体大悲。也许，那只貌似误闯人间的麒麟，正是来接孔子回他的"真正故乡"吧？

从《诗经》到《春秋》，麒麟已经被神化为罕见的吉祥物。民间后来认为它是龙的孩子，各种描述很多。奇怪的外貌里面，包含一颗善良的心，传为"仁兽"。现代考古发掘的青铜器上，已经常见麒麟雄姿，所以它的形象传承，没有很大异议。故宫里的麒麟，更精美，更生动，可谓集中国古代麒麟之大成。

当然，也有很多古人认为麒麟可能不是神兽。清代学者段玉裁注《说文解字》有道——

> 单呼麟者，大牡鹿也；呼麒麟者，仁兽也。麒麟可单呼麟。

——这个说法虽令人失望，但能够对应孔子时代可以见到麒麟的事实。也许麒麟真的是某种类似鹿的野兽，只是外貌与一般鹿不同吧？比如非洲的长颈鹿，也有颜色泛灰白的，老远就很惹眼。在物以稀为贵的心理中，被抬高、放大。

有趣的是，《清史稿》中记载不少牛产麒麟的事，仅雍正至乾隆年间，至少就有 8 起。有的说得比较详细，如雍正五年——

> 寿州民家牛产麟，一室火光，以为怪，格杀之，剥皮，见周身鳞甲，头角犹隐也。

——而2015年的泰国，也有水牛产出一只"头似鳄鱼、有鳞片"的动物，被中国网民惊呼为麒麟。

在无法确定古人究竟看见了什么的情况下，不妨先确定麒麟的概念的确对应某种实物。而概念永远比实物存在得久远，它还能演变为实物无法表达的很多内容。"麟儿"的诞生，与《麟之趾》有关，是对刚出世娃娃的美称和祝福；而"凤毛麟角"则可以指天下英才。

麟、凤、龟、龙并列为四大灵兽，其祥瑞由来已久。而故宫之所以安排很多麒麟"站岗"，大约与古代风水学有关，据说麒麟可以化解"五黄煞、天斩煞、穿心煞、镰刀煞"等多种煞气。活人可以依靠麒麟的护佑，死人也能求助于它——目前能看到的最早麒麟形象，在南京的南朝帝王陵，似乎担任守墓的责任。在《红楼梦》里，麒麟则是史湘云的护身符。而历史上以麒麟自称的各种真假人物，就多了去——河北"玉麒麟"卢俊义、京剧大家"麒麟童"周信芳等。

从野兽到神兽到青铜兽、石兽，麒麟这一路变形，反映了中国人丰富而宏伟的想象力和创造力。这个层面，麒麟永在且生机勃勃。

豺

投畀豺虎　取彼谮人　谁适与谋　彼谮人者

超越狼群，轻松联合起来战斗

很多年前父亲告诉我，豹比狼还聪明，它们捕猎的时候，善于掏猎物肛门，然后将整个肠子拽出来，猎物跑着跑着肚子就空了，倒下。这一点给我留下终生印象，现在说到豹都觉得"菊花"一紧。

其实豹快玩完了。有资料说野生豹在地球上不足5000只，在我国是国家二级保护动物。所以现在谈豹，只能对着照片寻找微弱的现场感。

我童年居住的地方，离合肥紫蓬山不远。在我父亲的童年时代，那里是真有豹、狼的。上世纪五十年代的某个夏夜，附近村里有孩子乘凉失踪，第二天才在田野草丛找到他的一只鞋。大人说，是被豹或狼衔走了。

彼谮人者，谁适与谋？

取彼谮人，投畀豺虎。

豺虎不食，投畀有北。

有北不受，投畀有昊！

（《小雅·巷伯》）

自古就没人把豺当作好东西。《巷伯》里的豺是阴险小人的代称。那时的荒野,豺神出鬼没,通常都在清晨和黄昏,其捕猎方式可能给我祖先以深刻印象——谁不愁"菊花问题"呢?那种可怕的痛苦,绝非痔疮可比!

这种凶猛的野兽,外貌介于狼与狐之间,毛色偏红。据说安徽皖南山区还能偶尔见到野生的豺。不过,因为不成气候,对人的威胁倒不大。

一旦有成群的豺,其杀伤力比虎、狼还厉害。资料记载,豺在饿的时候,虎口夺食的事都敢干,而老虎最终落荒而逃。因为一群豺会联合起来,从各个方面扰乱老虎,使它疲于应付,最终智商与体力全面下降,不得不主动滚下擂台。

宋代诗人贺铸《和邵老郎官湖怀古五首·其一》有道——

> 白也遭时网,临年放夜郎。
> 何妨去物远,当道横豺狼。

——其实豺与绝大多数猛兽一样,并不喜欢直接与人作对,为何古人非得如此贬低它呢?如果我们观察人性,会发现,怕与恨是紧密相连的。一个人手里拿把刀,面前出现一只白兔和一匹狼,那么手里这把刀会对着谁呢?怕谁就对着谁——狼——而非白兔。

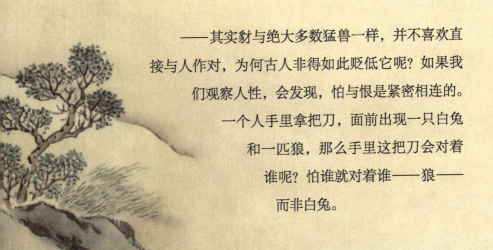

怕直接产生恨。祖先可能偶尔受到豺这种高智商野兽的侵袭，比如大雪季节食物匮乏，豺群说不定也会像鬼子进村一样无恶不作。所以，古典文学中豺的意象，就一路毁下去，没有翻身机会。安史之乱的时候，李白心情不好，有一天好似做梦一样，登华山莲花峰游玩，遇见几位神仙，乘坐仙禽飞翔到洛阳上空——

俯视洛阳川，茫茫走胡兵。
流血涂野草，豺狼尽冠缨。

——又是一次对人间"豺狼当道"的哀叹。这真正的豺也实在委屈：俺们不过偶尔祸害人，与人祸害人相比，俺们很单纯很善良哦！

是的，豺的单纯，导致其团结精神比人类更强。"乌合之众"永远不能针对豺。这一点它们甚至超越狼群，因为即便不同种群的豺，都能在同一个目标感召下，当即联合起来战斗！而且是轻轻松松联合起来战斗！

单个的豺也不可小觑，它的单兵作战能力，在上世纪五十年代的莫斯科有过惊人展示。当时的动物园引进一对青海豺，露天圈养，外面有4米多宽的壕沟，沟外是1.2米高石墙，再外围还有1.5米高铁丝网。结果"那只雄豺一跃而出，到莫斯科繁华大街上游览一番"！

上世纪八十年代的合肥逍遥津动物园里养过豺。但它颠覆了父亲为我塑造的可怕形象。

它们住的"牢房"很小，条件比乡村猪圈稍好。老远就能闻到骚臭气。

我记得豺在"牢房"里转圈跑步的姿势，非常灵活，不时停下来与我对视，然后再转圈跑。那神态并无焦急，似乎在玩。它的眼神我至今还有印象：有点深邃，似看非看。你不能通过豺的眼神，去揣摩它的内心。

一只笼子里的豺，比不了一只野狗。有关豺善于"掏菊花"的传说，怎么也和它联系不起来。

近年的四川黑水河自然保护区因为人类活动减少，又出现豺了，总共十来只。据说它们为当地消灭许多害兽，如野猪、獾子，使得农民们尊称其为"神豺"。这是我翻阅资料时看到关于豺的唯一的正面说法。

狼

狼跋其胡

载疐其尾

公孙硕肤

赤舄几几

"人烟"覆盖"狼烟"更彻底

"大灰狼,喘粗气。藏在树后找时机……"这是我五岁的晚上,与父亲共读一本小画册上的语句。一辈子忘不了。

但那时狼对我仅仅是个图画,与狗相似,比狗凶残。而且大凡凶残的敌人,一定是愚蠢的。这个小画册里的狼就是被小白兔、小鹿们给杀死的,手段是挖陷阱。

狼跋其胡,载疐其尾。
公孙硕肤,赤舄几几。

(《豳风·狼跋》)

《狼跋》没有骂狼,只是拿它来比喻周公的困难处境,所以是中性的。其实《诗经》那会儿,野外的狼、狐之类一定很多,对人的威胁不会小,而祖先关于狼的知识也是丰富的,但他们对狼没有太多恐惧和仇恨。

如今狼已经很弱势。灰狼在地球上不足一万只。中国过去除了海南、台湾,都有狼的生存;而今除了东北、新疆、内蒙古等少数省区的少数地方,也绝看不见狼。我小时候每次去合肥

逍遥津动物园，一定要看看狼，只因为它在我幼小的心灵留下了阴影，那种感觉与成年后一度喜欢看恐怖片很相似。

事实上，狼在人类生活史上的总体危害性，比不上一次蝗灾。动物学家认为，狼除了极度饥饿，对人并无很强攻击性。但中外文艺作品中狼的形象负面居多。《聊斋志异》中有一篇狼诡计多端的故事，当然，那是隐喻人世险恶。欧洲童话中的狼，品格也是不行，比如《小红帽》，就与中国的狼外婆故事神似。

回头看《狼跋》，就有些亲切，因为它竟然与伟大的周公相联系。可见那时代，人们对狼还没有全面嫌恶，也许在我们祖先眼中，它们也是衣食供应者呢！

因为狼与狗是亲戚，所以我们可以用狗的智商推测狼，狼一定非常聪明。毕竟它们的野外生存环境，比村子里的狗要恶劣许多倍。去除那些可怕或可疑的说法，狼在动物中，是善于团结合作、富有耐力、做事执着的。狼群的内部结构，比一般人群和谐，也更有战斗力。当然咱也不能因此建议人去学习狼，但总得从

中悟出点什么。特别是狼具有报答精神,不惜为恩主拼命。

狼的天性既合群也孤独。它们并不喜欢与人打交道,更愿意在远离人群而食物充足的地方自由生活。一个狼群的平均领地面积大约是 30 公里 ×40 公里,随着人口增多,它们的生存环境越来越狭隘,未来灭绝的可能性很大。问题是,狼几乎无法被人驯服,也很难用人工饲养的方法来拯救其种群。

可以说,狼比狗更体现孤独和自尊,它们天生就是人类古代传说中的英雄形象,有大丈夫气概。所以,人既有怕狼的一面,也有崇拜狼的一面。人类学家和历史学家指出,"狼是突厥系民族和蒙古人的图腾,阿尔泰民族的另一支东胡也敬畏狼"。而古代突厥系民族高车传说,他们是一个美丽的匈奴公主和一匹狼的后代。

上世纪八十年代,台湾歌手齐秦有一支歌《北方的狼》,传遍整个中国。狼的意象逐渐脱离故事中的险恶,而走向某种人类渴望的境界。

当长城上冒起"狼烟"的时候,意味着剽悍的异族部队正挥刀进逼。那时的"狼"字蕴含重重危机。据说狼烟是用狼粪燃烧的。虽然人粪从不用于燃烧,但"人烟"对"狼烟"的覆盖,更可怕,更彻底。

虎

不敢暴虎

不敢冯河

人知其一

莫知其他

一声虎啸,万念俱灰

一个人可能不了解厨房里常见的蟑螂,却能对老虎侃侃而谈。原因是他自小就听大人讲到老虎的事情。

我记忆中最早出现的老虎,都被武松、孙悟空打死了。与其说它们是弱者,不如说它们顶起了人类的英雄人物。没人把拍死蟑螂拿来炫耀。

老虎对人类早已没有威胁。现在如果你有机会亲眼见到它,也只是一种娱乐,比如在马戏团、动物园。而那种老虎虽然活生生的,却不是"真"老虎。

真老虎在山林岌岌可危,其命运根本比不上偷我们厨房食物的蟑螂。《老子》对此类现象有深刻理解:"弱者,道之用。"

> 不敢暴虎,不敢冯河。
> 人知其一,莫知其他。
>
> (《小雅·小旻》)

《小旻》说:不敢空手打老虎。这个道理连武松、孙悟空这么强大的"人"都懂得。可见上古先民多么实诚。现代人的道理花里胡哨，很多都不能实诚表达，得玩点噱头，绕点弯子，否则可能被视为智商不足。

但有一个人玩过火了，乃至后来被全国网民起了个绰号"周老虎"。二十一世纪初，据说他是用一幅画中老虎，在树林里拍照，声称此处老虎回归，生态环境变好了。之后他被判刑了。

不要拿老虎开玩笑。俗话说，虎死威不倒。《智取威虎山》中的座山雕，就坐在铺着老虎皮的头把交椅上。下面的小土匪，顶多在屁股下垫一块狗皮、兔皮，否则有犯上之嫌。你看，老虎皮毛都有那么深刻的意义。

这个意义的来源极为深远。青铜器上有关老虎的纹饰很常见，比如饕餮纹。在古代军队的名称运用，"虎"字和"虎"符，也流行千百年。老虎作为一种权威、一种象征，比它作为凶兽更令人追捧和敬仰。

作为生肖的老虎，深得中国人欢心。虎年春节请一批虎娃上台虎虎生风地蹦跳，就是一道好节目。但我更倾向于将这些"老虎"形象认定为大猫，因为人们经常是通过猫去想象虎的。真实的老虎无法表现得如此欢乐，它们严肃的表情、稳重的步伐，已经表明它们对待这个世界的基本态度。

古人正规场合运用的虎形象，大多在正道上：威武不能屈。这与《诗经》里谈虎的气氛，是一致的。轻视老虎，就是轻视自己的生命。面对强者，哪怕它是缺乏智商的动物，也要保持足够的敬畏。大自然创造老虎的目的，可能不仅仅是要它做森林之王，而是告诉人们：这个世界上，有比智商更厉害的东西存在——你暗地里千方百计深谋远虑，一声虎啸就令你万念俱灰……

佛家谈虎，常常是指人性中欲念的可怕。一旦放纵它，就会像虎一样横冲直撞，难以收拾。但真实的老虎也有致命弱点，比如它就怕鸟粪，据说鸟粪会腐蚀其皮毛。

我在清代笔记中发现一个有趣的故事，说乾隆年间江苏宜兴有人研究老虎后，熬制了黏胶撒在老虎常常打滚的草丛里，而老虎爱干净（这一点很像猫咪），不能忍受毛皮粘草，就舔啊舔，最终舔

得烦躁、暴躁死掉。然后这个人就能比武松更轻松地获得一只老虎。

在娱乐化老虎的过程中,人们的想象力发挥很大作用。前些年大导演李安拍了个片子《少年派的奇幻漂流》,让我大饱眼福。据说影片中的虎就是象征"欲念"等。但我反复看了之后,觉得还是别这么深刻理解才好,因为整部影片画面的华丽美感,远远盖过了哲思气息。

这一点就像悟空、武松一样,顶多拿老虎来衬托一下人的

价值即可。《水浒传》中另一个打虎英雄李逵,其实比武松还厉害,他为老母亲,一下干掉几头。但这件事的名声比不上武松打虎。我个人以为,施耐庵在对李逵打虎的描写上,细节不多,趣味不足,导致李逵打虎显得轻飘飘的——人们在娱乐的时候,事实上根本不在乎什么老虎、李逵、武松,只在乎好不好玩。

豹

羔裘豹饰

孔武有力

何必为世界增加喧嚣

师部大院经常出现一位推着板车卖小物品的老头。他老家在太行山里。年轻时当猎人。因为有次上山，得罪了豹子，差点丢命。后来他就出山谋生。

那次我们去买啤酒，他一高兴，讲个恐怖故事——上世纪五十年代初，一天傍晚，他从山里回家。途经一片老林，嗅到腐臭味。他怀疑附近有死人。加快脚步。正走着，感觉头顶滴上一滴水。手一摸，黏糊糊，嗅，尸臭！抬头……树丫上挂着一条露着森森白骨的死狍子！

他卖关子：狍子能上树吗？我们面面相觑。他说：是豹子拖上去的。

羔裘豹饰，孔武有力。

（《郑风·羔裘》）

古人是否谈过豹子肉？记忆中只有豹子皮是古人称颂的东西。《羔裘》用豹子皮来装饰，似为突出"孔武有力"。因为豹子的敏捷与凶悍，完全可以上升到图腾崇拜的高度。

在世界四种大型猫科动物中,豹子虽居狮、虎、美洲豹之后,却也是一般人不敢掉以轻心的凶兽!那么,即便不被我祖先用于图腾,只要战胜它一次,也能获得武松式的荣誉吧?还记得迪士尼经典动画片《泰山》中,人猿泰山打死一只豹子后,就成为猩猩们的首领了。这一点非常符合原初人群对权力起源的认同。

憎人虎豹守天关。
嗟蜀道、十分难。

——宋代诗人丘崈在一阕《太常引》中说。以豹子的威猛来形容武士并不新鲜,"豹子头林冲"大概最著名。狭路相逢时,谁有豹子的力量和敏捷,谁就是天然的胜者、王者。

不过,真实的豹子性格很孤僻,并不喜欢对同类吆五喝六,而是独来独往。这一点比较像猫咪。它们的日常活动大多避开白天,更喜欢傍晚或清晨。与猫咪抓老鼠的时间段也相似。我怀疑豹子是动物中的哲学家。因为黑格尔说智慧女神的猫头鹰总是在黄昏起飞。因智慧而强大的人,精神上也总是独来独往,哪怕他正置身联欢会。

当年在部队听老猎人说豹子拖食物上树贮存的

故事，很惊奇。后来在电视节目中看过真实镜头，才完全相信。豹子不但聪明，而且有强大的力量将三倍于自身的食物拖上树！即便如此厉害，豹子却不喜欢与人作对。很多年前，豹子挺繁荣的时候，难免有人在山林里与其迎头碰上，但有经验的人说，这不可怕，只要站着别乱动，与豹子对视几分钟，它就会默默地走掉。可惜的是，虽然豹子很少与人冲突，人们却一直视其为敌。我小时候的报纸上，还有称颂打死豹子的新闻。

上世纪八十年代的中学校园里，流行一种明星画片加流行歌词的小玩意。我曾得到一张台湾影星林青霞的画片，印象深刻的是，林青霞穿着豹皮短裙，相当性感！而今作为濒危动物，豹子皮已经不能出现在市场了。宋代易学大师邵雍《梅花诗》中有一句——

……

　　　如棋世事局初残。
　　　共济和衷却人难。
　　　豹死犹留皮一袭。
　　　最佳秋色在长安。

……

没人能解释诗中的豹子及其皮的真实含义，因为它是中国古代流传的著名预言诗之一。这也是豹子的文化意象中比较特殊的一个。除了"暴力美学""服饰美学"，豹子的古今文化形象

基本没有太大变化。

我个人表示喜欢豹子。与其他一切无关,而是因为它的独来独往性格。刚到部队时,我与战友们并不亲切,遭到排斥,被视为"独槽驴"。但我认为自己有一颗温柔的心,之所以表现孤独,只是因为灵魂常常不在现场而已,又不是讨厌谁!幸亏我没有改变性格去迎合大家,因为后来渐渐熟悉了,也就被战友们接受并喜欢了。

做人,其实可以像豹子一样。宋代高僧释正觉有句偈颂,"苍龙退骨而骧,玄豹披雾而变"——这个境界多震撼呀!能在闹哄哄的环境实现吗?都那么合群,只不过为世界增加一点喧嚣而已。

熊

熊罷是裘　舟人之子

霜落熊升树，云外一声鸡

日本电影《追捕》风靡全中国的时候，我和校园里的小伙伴正比赛撒尿，谁尿得高谁就赢了。

尿毕，王小三说，这个电影很"烈"，意思是惊险、打斗。最好看的是矢村遇到熊，被它一巴掌打烂了肩膀。而杜丘竟然帮助敌人矢村治疗。

我懊恼不迭！这么好看的电影咋没叫上我呢？我就问父亲有关熊的事。父亲说，熊掌上有倒刺，沾上肉就钩下来了。非常厉害！

我就问校园南边5公里处的紫蓬山上有没有熊。父亲说没有。但他小时候，那边倒是有过豺狼。

> 舟人之子，熊罴是裘。
>
> （《小雅·大东》）

熊生活在《诗经》的土地上，是否有点尴尬？因为北方的熊要冬眠，而南方的熊不冬眠。《诗经》的熊，正好处于"中间地带"。

不过,那时的中国气候应该非常正常。冬雪不但能覆盖我们祖先的茅屋顶,也能把熊驱赶到秦岭、太行山向阳的避风山坡树洞里吧?冬眠不冬眠,不取决于其所在方位。所以,我们祖先有机会趁机制作熊皮大衣,即《大东》里的"裘"。

这首诗对当时的周王充满抱怨,原因是赋税过重。熊(皮大衣)在其中扮演的是批判材料。不过由此可以推测,当时的人们生活取材十分丰富,而且高度自由。现在谁敢拿这种大衣炫富呢?

我最近一次见到熊是在北京动物园,它们笨拙的身影与图画、影像中的并无二致。小时候翻阅童话,熊给我的印象是不聪明,通常扮演吃亏挨骂的角色。但真实的熊完全不能这样看待,倒不是保护熊的自尊,而是保护我们自己的安全。有位网友说,熊的智商远远高于老虎,它知道人与汽车间的关系,所以最好别在车里留食物,否则熊会贴着窗子往里看,一旦看见食物,这辆车就毁了。

好在熊一般不攻击人,性情是温和的。我就怀疑祖先猎熊,只有趁它冬眠，否则人再多也拿它没办法。这家伙庞大的身躯、厚实的皮毛，能经受很多颗没打中要害部位的子弹，别说你举着矛和石头了。

好像是托尔斯泰的童话中，说了个人遇到熊装死的故事。这给我的童年以极大想象空间。因为熊不吃死人，那么，勇敢的我，是否可以趁熊用鼻子嗅我的时候，忽然将匕首插进它的心脏呢？当然，这个童年的英雄想象后来被我否定了，太残酷。英雄不可以建立在悲伤的死亡事件上。

> 适与野情惬，千山高复低。
> 好峰随处改，幽径独行迷。
> 霜落熊升树，林空鹿饮溪。
> 人家在何许，云外一声鸡。

——宋代诗人梅尧臣《鲁山山行》描绘了颇有禅意的情境，而熊在其中是一个美丽的元素。整个世界和谐安宁，没有英雄，只有狗熊，但，很满足。

如果人都能达到熊的自然状态，就会与熊一样，是可爱的，成为朋友也不难。最近我在网上看到一个感人至深的视频：一只乌鸦落水了，挣扎时间过长吧？已经无力，在水中慢慢扑腾、哀叫。附近一头熊正溜达，看见此景，踱着步子过来，弯腰伸爪……那乌鸦吓坏了，猛然起劲扑腾到另一边。熊慢腾腾地追过去，再次伸爪——这次被它捞着了！本以为熊会吃了乌鸦，但它没有，只是将乌鸦放在地上，扭头去啃西瓜皮……

柳宗元有句诗说：蟠龙吐耀虎㖞张，熊蹲豹踯争低昂。（《杂曲歌辞·行路难三首其一》）这在古代关于熊的文化坏意象中，有点代表性，大多象征斗争和险恶。但上面的视频内容可以彻底否定这种看法。

熊本善良，奈何人们刻意歪曲它的形象。电影《追捕》里的那头熊也不是非得伤人，而是受到惊吓后的自然反抗。作为杂食性动物，熊过去还能在野外捕鱼捉蛙，现在因为环境大范围破坏，很多时候只能"吃斋"了。

狐

有芃者狐

率彼幽草

有栈之车

行彼周道

人越聪明，将狐狸想象得越"坏"

醒来的时候，家里静悄悄的。我不想离开热被窝，就睁着眼睛看屋顶。那上面是某种光滑的草秆编织的毡，颜色斑驳。

凝视一个地方久了，视觉会产生奇异变化。草毡表面开始生动演绎各种图案，其一是狐狸。它的头不动，但下半部分一会儿站着，一会儿坐着。我知道这是幻觉或错觉，但也很解闷呢！

那时我七岁左右。枕头下放着一本画册——《乌鸦与狐狸》，根据克雷洛夫寓言改编。

那只骗取乌鸦嘴里奶酪的狐狸，使我很小的时候就对奶酪产生兴趣。

> 有芃者狐，率彼幽草。
> 有栈之车，行彼周道。
>
> （《小雅·何草不黄》）

狐狸因为皮毛高贵而命贱。而且，如此有价值的动物，常常得不到人的称赞，总被作为狡猾奸诈的象征。《何草不黄》倒

是没说狐狸闲话，只用它表现了荒凉景色。后世诗人在描绘一个时代或一门显贵凋敝的时候，镜头中也常常出现狐狸的身影。

长大后我能读懂《聊斋志异》白话本，对狐狸有了更多的想象。作为精灵的狐狸，担任了很多有趣故事的主角，迎合少年儿童的好奇心和探险欲。当时我不在乎它为什么变为美女，只在乎它会变。因为孙悟空的七十二变，是英雄的本领，而狐狸竟然也有！

所以，无论狐狸是否狡猾奸诈，我最初内心还是比较佩服它的。

记得前些年看到一篇趣味新闻，说英国朴次茅斯有所小学，因为养鸡而招来一只野狐狸。不过它很文明，只是坐在鸡蛋上，母鸡们对此竟然不在意。学校工作人员不得不上前将狐狸抱走。显然，这只野狐狸对它活动区域的人和鸡都很了解，它是扛着橄榄枝来帮助母鸡孵蛋的。

一般情况下，狐狸会将它看准的一群鸡全部杀死，然后仅仅叼走一只。其残忍令人发指。过去生活在山林地区的人们，能讲述很多狐狸的事情，比如它们的智商高到不怕看门狗甚至猎犬。有一位猎人亲眼见证自己的猎犬狂追狐狸时，被狐狸引诱到河面的薄冰上；然后狐狸飘飘然地掠过冰面，而狂躁的猎犬却掉进冰窟窿。

民间有关"大仙"的传说，主要是指狐狸和黄鼠狼。乡村老人不准家人直呼其名，以免因为不敬招来它们的报复。可见民间千百年来，对狐狸的认知深度，除了皮毛，就全部集中在其超越一般动物的智力层面了。

东汉赵晔著《吴楚春秋》，将狐狸的智力活动上溯到大禹时代。说大禹到涂山，因看见九尾白狐，决定于此处找女人为妻，而禹娶的涂山氏的女儿女娇其实就是九尾白狐变的。这个事

情里虽有心计,但本质浪漫且单纯。白狐是有的,中国先民应该没见过,它主要生活在北极圈附近;九尾白狐是没有的,而我们先祖言之凿凿,还将其嫁给大禹。

这个故事也许影响了魏晋时代的文人、贵族,因为正是那时开始大量出现关于狐狸精的传说,并且有一点被蒲松龄继承:很多美女狐狸精都主动找男人,其灵魂中似乎充满了拉丁舞的因素,完全不符合中国古人对女性的标准要求与看法。

学者们研究认为,狐狸早先是图腾、瑞兽,变妖精是后来的事。我觉得这个变化趋势在伦理道德上可视为"下降",正好与人的才智进步成反比。 就是说,人越聪明,越将狐狸想象得很"坏"。

事实上不是狐狸变坏了,而是人一路走来,失去了本真与单纯。狐狸和它所在的世界,愿意保持固有的姿态,欣欣向荣。即便偶遇灾难,那也是自然界打了个喷嚏,没有什么值得大惊小怪的。问题是随着野狐狸的大面积消失,自然界的喷嚏,也转为肺痨了。

猫

有熊有罴

有猫有虎

幽幽的眼睛,给世界增添一点浪漫

1991年深秋,晚上我常去校园东侧,在田埂上寻一个田缺当茅坑。而每次出门的时候,只要唤一声"聪聪",那小黑猫就"噌"地从一个你永远无法预料的地方蹿出来。

我在田缺蹲下,聪聪则在附近窜来窜去,扑秋后的蚂蚱或蛐蛐,偶尔也追一只田鼠。

晚上睡觉前,我将后窗开一条缝,以便聪聪凌晨回家睡觉。它通常从我肩膀处钻进被窝,一直钻到腰或脚那里。所以床上总有很多猫毛。

有一点令人头疼:聪聪经常将外面抓住的老鼠咬死,放在我脚头。所以我每天起床的第一件事,是查看要不要将老鼠扔出去。

有熊有罴,有猫有虎。

(《大雅·韩奕》)

显然,《韩奕》中与虎并列的"猫",不是一般家猫,可能是猞猁、兔狲之类的小型猛兽。不过,那时的先民已经用家猫

捕鼠了。考古学家曾在陕西省华县（今华州区）柳枝镇泉护村发现 5300 年前两只猫的 8 件骨头。

当时的民间住宅建构，大多是地坑加茅顶之类。可以想象，老鼠出入很自由，而家猫的任务，是永远完不成的。如果我没猜错的话，家猫吃不完的老鼠，也是人的美食。最近我看东南亚及非洲一些国家原住民，喜欢用细棍子将田鼠按照糖葫芦模式穿起来烤，然后美滋滋地大嚼一通。难道咱们祖先不会来这套？尤其是在闹饥荒的岁月，与猫争抢田鼠并不算丢脸，甚至直接把猫咪红烧了也无可厚非。

总体而言，猫的可爱性不允许我们在想象中红烧它。至今年画上还有猫咪的各种活泼形象，吉祥喜庆。至于做宠物，猫在当代盛极中国，并新生一个"铲屎官"行当。而这个原本野性的物种，在千万年的时间流变中，好像有意修改达尔文理论：猫的最终进化目标，可能是超人。

> 骐骥骅骝，
>
> 一日而驰千里，
>
> 捕鼠不如狸狌。
>
> （《庄子·秋水》）

狸狌是指某些野猫，我愿意将它们定义为原生态猫。"猫"这个字创造之初，是怎么考虑的呢？有人说其叫声为"喵"，所以从其声，从其"苗"。但宋代学者陆佃认为"鼠害苗而猫捕

之,故字从苗",似乎更合理。《礼记》中有"迎猫"一说,也是指用其捕田鼠。就是说,在先祖心目中,猫天定就是个"警长"角色。至于后来成为宠物,则是在品种驯化、退化并复杂化之后吧?

但猫的退化对应了人类文化发展,似呈反比。而在这个过程中,猫的地位也发生质的变化。原先它为人所养所用,今天似乎反过来了。我看到很多"铲屎官"在网上发照片,喜滋滋地报告他伺候猫咪的广度和深度,更多"铲屎官"表示赞叹和学

习。这个现象已经成为一种非主流文化。

若深究的话,法老时代也有猫咪当宠物。金字塔壁画里有猫,法老木乃伊边也发现过猫的木乃伊。不过这些不代表民间对猫的态度,毕竟有闲阶级的玩法,大多不能普及。而且换一个时空,猫的命运说不定很悲惨。比如黑猫在中世纪的欧洲,几无立锥之地,被视为女巫和魔鬼的同伙。而古代中国人却认同"玄猫辟邪",黑猫就成了镇宅之宝。

因为自小喜欢看些古怪的故事,我记得咱们先祖说,葬礼上若出现猫,应该保持警惕,因为它若从死人身上跳过去,会引起诈尸。其中有何道理呢?不清楚。而近代恐怖小说的鼻祖爱伦·坡,则以黑猫为主题,吓唬过十九世纪的一大批读者。

这是对猫的污蔑!

猫在黑暗中那双幽幽的眼睛,不是为了害人,而是为了给世界增添一点浪漫。不要因为它们性格内向不善表达,就去胡乱分析它。因为猫咪的心思就像女人一样深奥。男性对女性的丰富想象中,关于猫的资料很多,比如"小野猫"。你可以不喜欢一只毛茸茸的小野猫,但你很难拒绝一位香喷喷的"小野猫"。

犬

跃跃毚兔

遇犬获之

凸显了人的孤独

查小三家南侧有一排青砖黑瓦屋,似是这座清末地主庄园当年专给仆人居住的寝室。现在想来,那屋子造得也用心——地板之下的墙脚,还开几个对外的洞口。

一天,我隐约听见洞口传来动物的声音,低头往里瞅,竟然与一双黑溜溜的眼睛对视上了!

小狗狗!

校园里那只无主母狗生小狗啦!

伙伴们很快都知道了,纷纷围过来。我们想方设法将小狗狗引诱出来,抱着玩。而母狗可怜兮兮地跟着我们,生怕弄坏了它的娃。

那是二十世纪八十年代初,中国还没有"宠物"概念,狗的品种很少,通常都是中华田园犬——土狗。

跃跃毚兔,遇犬获之。

(《小雅·巧言》)

祖先们用狗猎兔,场面一定很壮观。土狗跑起来比不上真

正的猎犬，所以，祖先们肯定是带了一群土狗，在原野上奔驰围剿。可以想见：野兔和狗踏出的烟尘，使荒野起了一层雾，大呼小叫声里，还惊起一群野鸡、鹌鹑。那种丰美与鲜美，纵横整个《诗经》作品诞生的五百年。

我目前陪读租住的房门前电梯边，长期锁着一条黑狗，是隔壁老先生的。它不是纯种土狗。性情温和，特别懂礼貌，从不乱叫。只有老先生将它牵到楼下树边拴着时，它看到我才会汪汪大叫，头贴地，两只狗眼深情地盯着我。那意思按照动物行为学家的说法，是极力邀请我陪它玩耍。

我和这只狗关系非常好，甚至可以掰开狗嘴，查看它的犬齿。有学者说，狗是狼5万年前演变的。而中国最早的狗出现在吉林榆树县周家油坊地层下，是个头骨"半化石"。它生活于公元前2.6万年至公元前1万年间，也可能是旧石器时代的家狗遗骸。

祖先们对狗情有独钟，打猎、看家是主要用途，另有一用就是做火锅。很多西方人不喜欢中国人吃狗肉，因为他们视狗为朋友，乃至家庭成员。这一点我深表同情，我绝不吃狗肉。不过，真要从伦理学层面找依据，也很难。毕竟我们不能把狗的地位提高到猪、牛、羊之上。不要以一只狗或一只猫为出发点，去伤害别人。这是反伦理。

狗吠深巷中，鸡鸣桑树颠。

（陶渊明《归园田居》）

——人类生活越简单，越体现真诚淳朴的伦理。伦理学作为哲学的分支，其实有点"过分"。因为它把人类伦理弄复杂了。一般人绝不可能通过各种《伦理学》去学习伦理，还不如像陶渊明那样听听狗吠、鸡鸣——这就处在最好的伦理状态。当人们为伦理而争辩的时候，伦理其实已经淡化了。

狗不懂伦理，但似乎懂得爱。它对它爱的人，可以付出一切。"左牵黄，右擎苍"的古人，与狗融洽相处，虽然视它为打猎工具，但彼此间有一份单纯情义。因为深入人的生活，古代文化中,狗的影子无处不在——

狗吠何喧喧,有吏来在门。

（《刺巴郡守诗》）

兔从狗窦入,雉从梁上飞。

（《十五从军征》）

——两句汉代诗歌,并没有对狗做价值或道德判断,只是营造一种紧张,一种凄凉。人间事其实与狗无关,但又深切相关。它们用狗的意象,体现人的悲哀与落魄。作为人的附属物的狗,在繁荣的时候,可能也对应了人世的幸福。

但当代社会推翻了这个观点。虽然狗数量多,种类纷繁,却凸显了人的孤独。

陪伴人千万年的狗,是最合群的一种动物。我儿时与伙伴们玩弄那只校园无主母狗的娃娃时,它没有凶狠护崽,只是不放心地跟随我们。因为我们平时就好在一起玩耍,它视我们为朋友。从这层意义上说,人类反过来视狗为朋友也是正确的,这是培养爱的一个机会。

当人与人之间戾气增多的时候,人其实不如狗。

牛

我将我享

维羊维牛

维天其右之

斗牛者，不是英雄

少年时代我陪表弟放牛，在乡下田埂、野塘漫游，感觉很好。我因此学会骑牛。

如何登上水牛背？两种方法：一是趁牛低头吃草，脚踏牛角跨上牛背；二是在牛屁眼后面，脚蹬其后腿弯曲处蹿上牛背。后来与水牛混熟了，我又发明一种方法：按照跳山羊模式，可以从牛的后面或侧面，"噌"地蹿上去。

出现在很多图画作品中的牧童吹笛，在乡下其实很少见。我认为无需笛子，骑在牛背上四处看，就很好。池塘里的鹭鸶，草丛里的野兔等等，比笛子营造的感觉更美。

我将我享，维羊维牛，维天其右之。

（《周颂·我将》）

牛、羊、猪是先民祭祀用的重大礼物，称为"太牢"。在生产力尚未发达的时候，一般是不杀牛的，比如宋朝，民间私自杀牛算犯罪，得判刑。《诗经》里"我"用牛献祭，也不是普通百姓，而是周武王。那时真有一种人叫"牛人"，是官职，大概与

"弼马温"同级,到了祭祀用牛的时候,他负责提供。

《诗经》没提及牛耕田活动,学者认为那时还没有这项技术,所以牛的主要用途是运输、祭祀、食用。古画中孔子周游列国,就是乘坐牛车;老子过函谷关,直接骑牛。至于食用,古代小说中记载较多,比如《水浒传》里武松、李逵、鲁智深,动不动就喊:"小二,切二斤熟牛肉!"可疑的是,明朝作者施耐庵也许没有考虑宋代法律。

卢照邻在《长安古意》中说:"长安大道连狭斜,青牛白马七香车。玉辇纵横过主第,金鞭络绎向侯家……"可见,当时的大唐首都街道，一定弥漫着牛粪的味道。我们对唐朝的美好想象，还真得打个折扣。"一骑红尘妃子笑，无人知是荔枝来"，这份紧张而浪漫的街景里，还有牛的身影在晃悠。

上古时代，牛的特殊用途莫过于打仗。据说齐国的"火牛阵"让燕国吃了大亏。但这个战术没有普及，我怀疑它有想象的成分。毕竟牛带着火狂奔，其思想是不可控的。

而较早提到牛用于耕田，是《三国志》。当时曹操打败袁绍后，"授土田，官给耕牛，置学师以教之"。随着生产力的发展，牛在家畜中地位，超过了马。它的温顺非常适合农夫的耕耘需求。直到二十世纪八十年代，中国农民都把牛看得很贵重。生产队有专门的牛房，专人负责看管。后来将公用的牛分发给几户人家共同饲养，大家也是很尽心。我少时与表弟放的牛，就是公用的。

牛，因此成为农业社会财富的重要象征。不但中国如此，外国也一样。印度人对牛的依赖有甚于中国人，现在的印度街道，常常可见一些闲散的牛在游荡，没人打扰，因为它是神圣的。亚、非、欧、美各大洲的国家，都有把牛的形象放进国徽的。如此，牛又是这个世界的主要吉祥物之一。

元稹《生春》诗有道："鞭牛县门外，争土盖蚕丛。"这是现代"春节"尚未正式诞生时的一种民间迎春仪式，土做的牛蕴含吉祥。场面与今天的"春节联欢晚会"味道迥异。本质上，春节是农民和牛的节日。

桑竹成阴不见门，
牛羊分路各归村。
前山雨过云无迹，
别浦潮回岸有痕。

陆游一首《秋思》，淡淡地描绘了牛迈着悠闲的步伐穿过乡村的情景。那时代的牛，已经背负着深厚的历史文化了。与殷商时代相比，牛的形象更丰富多彩。殷墟里挖出的甲骨文，有的刻在牛骨头上，凸显的却不是牛的意义；即便青铜器上偶有牛的简单形象，也比不上它的肉在祭台上的分量。

我个人不太喜欢西班牙人斗牛。这种源自野蛮时代的陋习，应该从文明社会剔除。牛的忠厚温顺，为人类的生存立下不朽功业。你把它当菜牛杀掉吃了也罢，那么逗弄它、伤害它，最终杀害它，过于残酷。斗牛者，不是英雄。

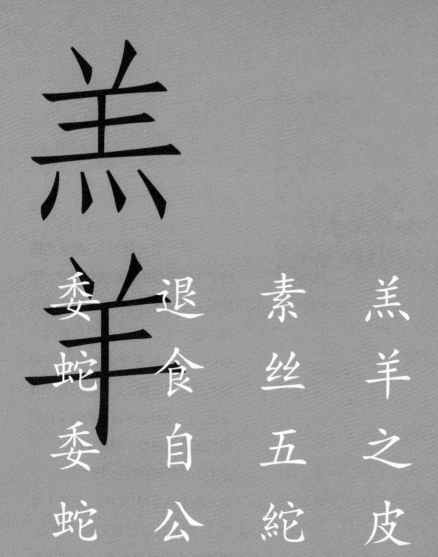

羔羊之皮

素丝五紽

退食自公

委蛇委蛇

瞳孔扁扁的眼睛流露女性气息

小羊的叫声非常可爱,尤其在春天的草坡、树林间听到,或许会对这个美丽的世界,产生更深一层的恋情。

羊,特别是小羊,那种温柔感很实在,像棉花一样冲击人的视觉。我曾抱过小羊羔,它们比猫咪还温顺。那双瞳孔扁扁的眼睛里,流露出女性的气息。

如果任它们在草地上玩耍,它们会像足球一样到处游荡,为一片青翠绿色,增加许多生趣。

羔羊,是一群小天使。爱在其中。

> 羔羊之皮,素丝五紽。
> 退食自公,委蛇委蛇。
>
> (《召南·羔羊》)

《诗经》中多处提到羔羊、羔,都是指幼小的羊。因为它的用途太大。不但能满足对神仙、祖先的庄严祭祀需要,还能对日常生活各方面产生深刻影响。比如用羊羔和大雁相配,作订婚礼物;比如羔皮可以充当货币等。至于食用,就等而下之不必提了。

也许羔羊能够代表人性中最神圣美好的那一部分：温、良、恭、俭、让。所以先祖喜欢用它喻指君子，尤其是朝中君子。"德配周召，忠合《羔羊》。"（《汉书·儒林传·张山拊》）是将周公、召公与羔羊并列了。能获此赞誉的大臣、君子，相当于今天获得共和国最高荣誉勋章了吧？

但现实中的羔羊是没有美好未来的。它们的温顺，对应了任人宰割。一般人更喜欢因为它而联想羊肉串、羊肉火锅。所以，人类给动物赋予美好含义，都不代表"爱"，而只是"自爱"。人们之所以不这样去赞美一匹狼，简单地说，是因为难以宰割它。

我这不是在否定祖先赞美羔羊的诚意。因为人还有个特性：思想与行动高度分离。一个人在吃羊肉的时候，可以是真诚的；但他在赞美羊的时候，也是真诚的。我就抱过小羊，也吃过羊肉。两者都被我赞美了。

晋代道家重要人物葛洪在《抱朴子·臣节》中说："立朝则以砥矢为操，居己则以羔羊为节。"

这是一位远离凡尘的道士对世人的忠告。我一度认为他这么关心朝中事，违反了修道的清净规则。但细细品味，觉得"羔羊"也许有道家看重的那种生命境界——不争。"居己则以羔羊为节"，第一个理解就是避免争端，温和、低调，却不影响生命的喜悦和活泼。而做好这样一个大臣，或平民，何其难也！因为做到，即近道。

也有人将《羔羊》视为讽刺诗。清代学者牟庭在《诗切》

中说:"……刺饩廪(膳食待遇)俭薄也。"我个人不赞同此说,是因为有另一首诗《硕鼠》对比——我愿意相信先祖会用比较丑的事物,来对应丑的人与事,而不会给一首讽刺诗,冠名为美丽温柔的《羔羊》。

羔羊的圣洁美,不仅体现在先祖祭祀的肃穆氛围,也体现在后世宗教文化中。作为文化符号,它整体是好的。从《羔羊》一诗诞生的成语也可以证明——素丝羔羊——用以指正直廉洁的官吏。

后世烟海般的诗词中,羊的形象可能大多不会差。现代流行歌曲中,有王洛宾先生作曲的一首青海民歌唱道:

"我愿做一只小羊,跟在她身旁……"

这是一个男人的心声。为了心爱的女郎,他不惜消灭英雄气概,做她的"羔羊"——

"我愿她拿着细细的皮鞭,不断轻轻打在我身上。"

——就是说,有爱的男人,其灵魂可以是一只"羔羊"。

这一点反映在西方名画中很多:美女贵妇坐着,而那些男人斜躺在她腿边,彼此用眼神交流。那个男人的眼睛,往往能印证我在本文开头所抱着凝视的小羊羔:那双瞳孔扁扁的眼睛里,流露出女性的气息……

麕

野有死麕

白茅包之

有女怀春

吉士诱之

人正与它同奔动物保护名录

小学三年级那年寒假，我与父母亲去二伯父家过年。

伯父住在离西安数十公里外的一个军队干休所，南侧是秦岭余脉，颇多野物。作为一个曾经南征北战的军人，伯父喜欢玩枪，打猎成了老人家退休后的主要爱好之一。

那天伯父带着枪，领我们上山。我还记得他在一户熟悉的山民家门口拉呱，问最近野兔啊鹿啊多不多……

可惜那天因为我的存在，伯父不敢深入山里，所以没有大收获。但他还是从猎户手里购买了一种野鹿肉。那是我平生首次品尝。

> 野有死麕，白茅包之。
> 有女怀春，吉士诱之。
>
> （《召南·野有死麕》）

后世人们常将"麕"（麕）这种鹿科动物解释为"獐子"。但按照它的生活范围来说，主要在福建和长江流域，与《诗经》诞生地南辕北辙，所以我倾向于认为它是北方常见的狍子。

这两种动物都属于鹿科，温顺而胆小，是动物群落中最容易成为猛兽食物的那种。在自然界的处境，不比野兔好多少。野生獐子是国家一级保护动物，这就可以证明。

《诗经》那会儿，獐子、狍子满林子乱窜。即便虎、豹、猞猁、狼、狐在一边虎视眈眈，但天道以大自然的平衡能力，表现了它的慈悲——没有生物面临绝种。在厮杀与奔跑中，獐子、狍子既不能泛滥，也不会全体遭围剿。倒是那些猛兽，随着所谓时代进步，首先面临危机。

"野有死麕"没有说这只狍子（或獐子）是怎么死的。"白茅包之"并且被这对幽会的青年男女遇见，可见它死亡不久，还没来得及被猛兽或其他人带走。在那个时代，这是一份天赐的礼物，是丰收。

但热恋中的男女好像并不在乎它。与爱情相比，一只狍子（或獐子）不算什么。也有学者认为，这只狍子（或獐子）是那位"吉士以礼通情"，打来赠送给心

爱的女郎，以达到通婚之目的。但与古礼不符，那时更喜欢用赠送大雁，来圆满爱情礼节。

无论如何，不影响这首诗的旷野浪漫之美。很多年后，我们会羡慕这样的恋爱场景，因为现代公园和电影院，太拥挤了。如果在其中看见一只冒冒失失的狍子（或獐子），那肯定见鬼了。因为连人工饲养的都难得一见啊！

作为鹿科动物，狍子（或獐子）的肉味是不是都相似呢？真想在某个饭店发现这道菜。以我童年时代随伯父打猎的经历来推想，这种野味（哪怕是饲养的）一定充满了山林的清香和鹿肉的浓鲜。当上古人们将其视为平常的时候，现代人的餐桌风景事实上凋零了许多。

白鹿麕麚兮或腾或倚。

——这是古老的《楚辞·招隐士》中一句。"麋麚"（麕麚）泛指鹿类动物，狍子、獐子等也包含其中。但在此它们体现的是荒凉，是隐士们生活的艰难环境。而国民需要这些贤人出山为大众造福，因此发出诚恳的呼唤。

清代文人刘大櫆在《祭余少京兆文》用了此典——

> 艰虞废放，穷海之滨，麋鹿之侣，犹不容身。

——同样意指不适合人类生活的环境。可见狍子（或獐子）作为野物，那时是多么安全！即便有虎狼追捕，但总比面对人类要安全得多啊！这说起来真有点寒心，因为这好像是要否定人类存在，包括我自己。

回味儿时与伯父上山，路上偶见猎人身影，扛着很长的猎枪（火铳），叼着旱烟袋的情景，是多么自由！而这份自由又何尝不是充足的野生动物给予的呢？

随着野生动物锐减，人把自己捆得越来越紧。以这个道理推想：当更多动物进入保护名录的时候，人自己也得主动跳进这个充满死亡气息的名录啊！

马

于林之下　于以求之　爰丧其马　爰居爰处

要诗和远方,而非菜市场

我第一次骑马是 36 岁,在江苏仪征野外一处游乐场。那感觉完全不像电影中的英姿飒爽,而是恐慌——随时会掉下来似的。

好在有专业人员跟随,帮着牵马。我努力坐在马背上,挺直身子,目光尽量投向远方田野,听野鸡叫。

长江三角洲的风物生机勃勃,即便秋天,仍然令人沉醉。我就这样克制了恐慌。

我珍惜那次骑马机会,也许这辈子仅有这一回。况且,当时还有一些女士在场,是我的老战友,我不能在她们面前丢脸。

与她们在一起,感觉回到了青葱时光。当年的恋慕之情,还隐约浮现。骑在马上回忆过去,竟有点淡淡忧伤……

爱居爱处?爱丧其马?
于以求之?于林之下。

(《邶风·击鼓》)

中华文明的主要源头在北方,而马在其中奔跑至今。《诗

经》中的马就很多，那时代，我们何尝不算马背上的民族？只是不如蒙古人更依赖它而已。

《击鼓》的战争味道很浓，人性在其中很压抑，唯有马的形象永远活泼、奔放，勇往直前。

我很小就喜欢马，源自看电影。这种动物很有亲和力，有甚于牛，因为它不长角啊！那双含情脉脉的大眼睛，无比温柔，又有飘逸的鬃毛，更增添其女性气质。洗发水广告用一下这个形象，未尝不可。

葡萄美酒夜光杯，欲饮琵琶马上催。

（王翰《凉州词》）

这首千古名句里的马,依然面临人类的危机。但它们超然物外的姿态,好像从来不曾懂得人类乱哄哄地在干啥。大量古诗提及马,都有冷兵器时代的残酷与悲伤。而那时的诗人中,颇多军人,他们在战斗间隙,尚能借笔一抒胸中块垒,马的意象是常客。

> 长安古道马迟迟,高柳乱蝉栖。
>
> (柳永《少年游》)

浪漫文人中,柳永算杰出一位。马到了他们笔下,更富含情感色彩,不似战马的坚硬与冷漠。这是符合马之本性的。如此温顺的动物,用于陪伴人类正常生活,可谓相得益彰,是双

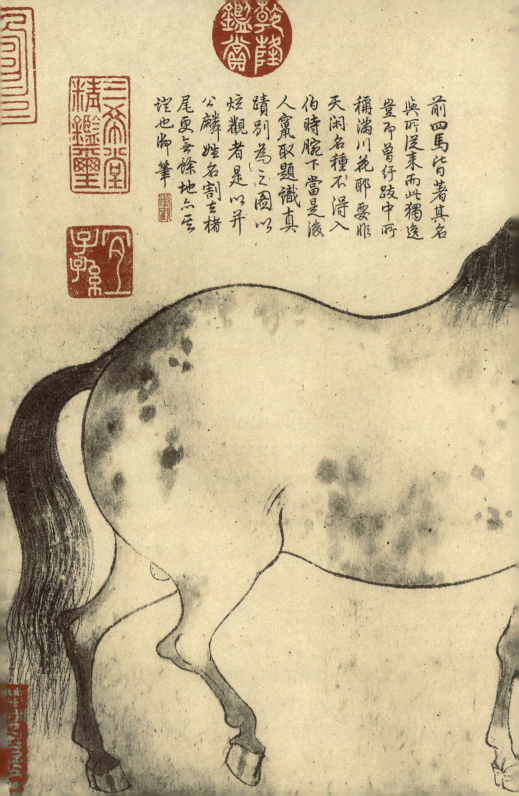

前四馬皆著其名
與所從來而此獨逸
豈丙曾紆跂中所
稱滿川花耶要非
天閑名種不得入
伯時腕下當是後
人竊取題識真
蹟別為之圖以
炫觀者是以并
公麟姓名割去楮
尾更無餘地云
謹也御筆

赢。战争是人类之间的利益冲突，完全不关马的事，强拉硬扯它们进去，有点缺德。

现代画家徐悲鸿是马的知音，他成就了马在艺术中很高层次的美。现在的拍卖市场用巨额金钱来为这些画作标价，事实上超出了艺术应有的意义，将人们的审美眼光牵引进菜市场一样乱糟糟的地方。

马若有知，一定不同意。它们的自由奔放，显然对应了诗和远方，而非菜市场。

> 马思边草拳毛动，雕眄青云睡眼开。
> （刘禹锡《始闻秋风》）

这句诗或许能博得马的欢心。它强健的躯体，被四枚蹄子运载，腾挪跳跃，颇有仙意。日行百十里根本没问题。这世界再广阔，于它们而言，也就是一个大操场、大乐园。如果没有人的拘束，它会活得更像一匹马，而非戴了辔头和鞍的仆从、工具。

咱们祖先一度将马视为六畜之首，意义甚至超越了牛，可能有其他考虑吧？比如"昭陵六骏"所体现的上层人物对马的重视，是否也影响了民间对马的看法？

> 枯藤老树昏鸦，小桥流水人家，古道西风瘦马。
> （马致远《天净沙·秋思》）

元曲中如此歌唱。马在其中深深嵌入人的生活。但那个痛苦的"瘦"字，让苍凉辽远的美感中，多了一丝无谓的同情。马，有点悲伤。自从遇到咱人类，它被驯化成一个完完全全的畜生，再也难得仙气。

早期象形文字中的"马"字，看着就像一匹半腾空的骏马，扬尾奋蹄，似将在瞬间抵达自由天地。那身段，那气势，蕴含的力量连一代枭雄都瞩目赞叹——

老骥伏枥，志在千里；
烈士暮年，壮心不已。
（曹操《步出夏门行·龟虽寿》）

——事实上，马的意象在人类心目中，从来就不曾衰老。

象

玉之瑱也

象之揥也

扬且之皙也

从不与凡角在一起

对于 70 后的少儿时代,大象的名字与狮子、老虎一样如雷贯耳。虽然素昧平生,却已经是老朋友了。童话书、电视机、报纸杂志等,都有它的形象和故事出现。

上高一时,因为学校大门边就是新华书店,不时进去逛逛。一次,发现新到几种迪士尼动画片改编的连环画,实在忍不住,将买零食的钱换了三小册,回寝室细细翻阅。其一是《小飞象》。

20 年后,我在单位边租房子独住,特意买了碟片《小飞象》,常常看。我至今对很多动画形象由衷喜爱。

> 鬒发如云,不屑髢也。
> 玉之瑱也,象之揥也,扬且之皙也。
> 　　　　　　　　　　　（《鄘风·君子偕老》）

商、周先民善用象牙、象骨做各种用具,其中"象之揥"专为妇女梳妆搔头。可那时候哪来的大象呢?

据英国学者伊懋可专著《大象的退却:一部中国环境史》

说，远古时代的黄河流域，气候适宜，不但有大象，而且很繁荣。陕西省旬邑县的大象犀牛化石馆，便陈列了一具三百万年前的大象骨骼化石，1975年出土，起名曰"幽幽"。但它是一头剑齿象，与现代大象无关。

不过，从三百万年前到三千年前的先秦时代，大象的身影并没消失在那一带。《诗经》《左传》《吕氏春秋》等古籍都有简略提及，但无法通过这些零碎资料拼凑当时的大象生活图景，连其种属都难以断定。

也有学者认为，当时的大象是贸易或进贡来的。这比较符合我个人的猜测，因为这种庞大的动物，特别适合古人驯化之后应用于各行各业，那么，古籍中关于大象的记载，应该非常多才是。

想起小学时代的语文课本中,有《曹冲称象》一文,源自《三国志》。而这头大象是孙权送给曹操的。孙权从哪里得到大象的呢?没说。只能继续猜测:可能是云、贵那边来的礼物吧?将大象骑到四川,再乘船沿长江而下,一直到江苏,可能性比较大。

并且这个故事也隐含了大象很稀罕的意思,那么三国时代的中国大部分地区,都没有大象生存。此时距离《诗经》时代,至少也有七百年了,难道大象就是这段时间彻底灭绝于长江、黄河流域吗?

因为古人类遗址、商周墓葬都出土过一些象牙、骨制品,导致后人在研究时产生很多迷惑,至今不能解决。且不管它。反正象牙在古人生活与工作中,出现频率挺高。比如春秋战国时代乃至清朝,大臣上朝奏事拿一块象牙笏,就比较流行。小时候不知道这块举在面前的笏是干啥的,后来上学考试学会舞弊才弄明白:大臣记不住要说的内容,事先在象牙笏上做个"小抄",以便启奏时看提示,别丢三落四。

但多数时候,象牙制品并无如此严肃的意义,就是个日用品或装饰品。除了妇女梳妆用,富家子弟、将军元帅也用。魏晋时代的张华有《轻薄篇》提及——

横簪刻玳瑁,长鞭错象牙。足下金镂履,手中双莫邪……

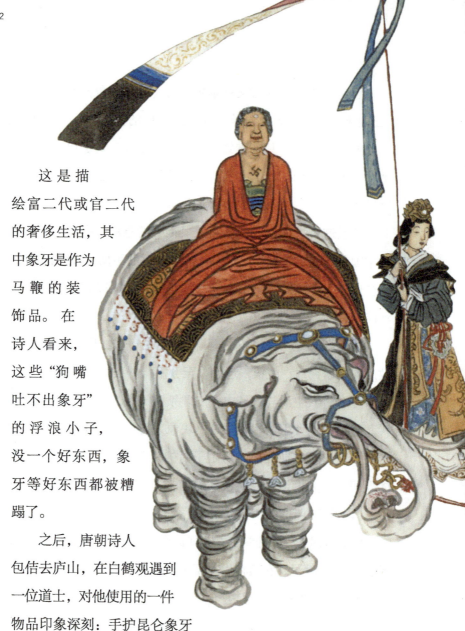

这是描绘富二代或官二代的奢侈生活,其中象牙是作为马鞭的装饰品。在诗人看来,这些"狗嘴吐不出象牙"的浮浪小子,没一个好东西,象牙等好东西都被糟蹋了。

之后,唐朝诗人包佶去庐山,在白鹤观遇到一位道士,对他使用的一件物品印象深刻:手护昆仑象牙简。如果排除诗词的夸张性,这意思好像是说道士手中的象牙简,来自昆仑山?当然,"昆仑"在道家也许另有含义,未必实指地理事物。

作为珍贵稀罕物，象牙在古人文字中只要出现，就不会与凡角在一起。因为印度曾经盛行佛教文化，流传到中国后，连同其中的"大象文化"也被我们祖先发扬光大了。王安石《题徐浩书法华经》说——

一切法无差，水牛生象牙。
莫将无量义，欲觅妙莲华。

这份赞美可谓浪漫而雅致，气魄也大。在佛家文化中，"香象渡河"可以脚踏实地截流而过，无可阻挡勇往直前。那么"水牛生象牙"是不是暗指世间人，只要虔诚修炼，就可以拥有香象的伟大力量？

虽然现在的中国只有西双版纳还能见到小的野生象群，但用它们去想象《诗经》里商周时代的黄河流域，还是蛮不错的。在无法确定先祖是否与野象共生的时候，想象力可以为这份远古的浪漫增添色彩。

鼠

相鼠有皮

人而无仪

人而无仪

不死何为

老鼠依然是老鼠，不是米老鼠

1985年冬天，大表弟将我文具盒里那把手术刀窃去。这家伙坏透顶。

之后去外婆家，发现大表弟用此刀杀老鼠玩——先用捕鼠笼捉一只活老鼠，然后用火钳将其夹出来，再用手术刀当场剖腹。场面极其残酷。

据说有一段时间，外婆家老鼠明显减少，导致大表弟玩不成了。

难道全世界几百亿只老鼠，偏偏不喜欢我外婆家吗？我猜测：老鼠这么聪明的动物，直觉认为我大表弟所在的地方，不宜居，所以集体逃亡了……

> 相鼠有皮，人而无仪。
> 人而无仪，不死何为！
>
> （《鄘风·相鼠》）

《诗经》中多次提到老鼠，基本扮演反角。这种啮齿类小动物生命力极强，对人类危害多多。我们祖先拿它没办法。如果

请一批现代广东土著,穿越到《诗经》里,或许会深刻改变老鼠的文学形象——美味。

合肥常见的老鼠是灰色、褐色的,对应大家鼠、小家鼠、田鼠、仓鼠等等。我小时候在外婆家睡觉,听见过老鼠在屋梁打架的声音。那是猫咪难以抵达的地方。但据说有一种家蛇可以在屋梁捉老鼠,不过我没亲眼见到。

外婆家竹林里也常有老鼠窸窸窣窣地跑。这小动物离我很近,只是不亲切。《汉书·五行志》说——

鼠小虫,性盗窃。

这就将老鼠定性为小偷了。而汉朝贾谊在《陈政事疏》中写道——

里谚曰："欲投鼠而忌器。"

——可见人们喊打老鼠的声音，已经响彻数千年。老鼠的丑陋形象，被牢牢固定在人类文化中，即便迪士尼的巨大影响力，也解救不了它。好多中国词语、成语、俗语，都在反反复复地将老鼠贬低，包括那些像它的人——奸臣、小人等等。

抱头鼠窜、胆小如鼠、蠖屈鼠伏、猫鼠同眠、三蛇七鼠、鼠目寸光、首鼠两端……无数种关于老鼠的说法，都将其推向反

面典型，无可救药。几乎没有比老鼠形象更差的动物了。

所以，小时候首次看到"米老鼠"，真的很震惊！这种思维模式的颠覆，后来影响巨大，尤其在网络时代，很多中国人都在走迪士尼先生的道路，将丑变为美，将经典恶搞掉。不是说这种思维模式不好，而是很多时候用错了。

老鼠依然是老鼠，不是"米老鼠"。

中国老鼠能与"米老鼠"媲美的形象，大概在十二生肖里。老鼠排首位。关于生肖排名，有一些传说，但不能真正解释祖先们的意图。在我看来，也许祖先们只是随便排列，并无深意。如果非得追究深意，不妨以物极必反来理解。

其他关于鼠的较好传说，大多不流行。《西域旧图》记载：大秦有辟毒鼠。王羲之《十七帖》中有言：天鼠膏可治耳聋。东方朔道：冰鼠生北荒积冰下，皮毛柔，可为席。辟毒鼠、天鼠、冰鼠——到底是什么东西呢？也许都有《山海经》的味道吧？

中学时代，我看过加缪的小说《鼠疫》。虽然老鼠在其中只是一个象征，但也表达了欧洲人对老鼠根深蒂固的厌与怕。除了在少数艺术作品中，我们很难为老鼠平反了。即便小白鼠作为人类的实验员，贡献无数生命，也不能挽回老鼠整体恶劣的形象。

当代的宠物市场也出现几种可爱的鼠类，它们的结局一般都不会好。因为人类对它们的欢心，未必长久，更不会常年关照它们脆弱的生命。与野外生存的老鼠相比，它们属于严重退化的族群。

有一年秋天，我在外婆家屋后的稻田散步，看见一群田鼠急匆匆地窜过，感觉它们是那么生机勃勃，连跟随我的土狗都望尘莫及。早有考古学家在安徽发现，老鼠于地球生活 4700 多万年，比人类更堪称"土著"。即便未来人类灭绝，鼠，可能仍在。

貉

一之日于貉

取彼狐狸

为公子裘

贬低它，似有失公允

从女儿两岁开始，我陪她看过很多动画片，其一是日本的《百变狸猫》。而这个"狸"，其实是指貉。

动画片里面的貉聪明可爱，当然也有坏蛋。可惜最终都败在人类手下。它们为保护自己的生存环境而斗争，甚至不惜装神弄鬼。

这个片子使我女儿最初的好奇心得以小小满足，同情心也得以小小伸张。不过，动画片里的貉，无法等同大自然或动物园里的貉，至今，我还没带她看过活生生的貉，诚为憾事。

一之日于貉，取彼狐狸，为公子裘。

（《豳风·七月》）

貉的皮毛是上等衣料，自古被看重。《七月》里将其与狐狸相提并论，而对应的，是王公贵族的奢华生活。

1995年初，母亲在乌鲁木齐给我买了件意大利品牌的皮大衣，领子是水貂毛皮。这是我有生以来穿过的最贵的衣服。貂是鼬科动物，而貉是犬科动物，它们字形很像，实质差异甚大。

我青少年时代一度分不清它们。目前二者野外生存状况都是类似的艰难。

作为主要食肉的貉,随着野生动物的大量减少,食物来源已经成问题;再加上居住环境被大范围破坏,越发岌岌可危。虽然没上濒危动物榜,但也离得不远。唯一值得"安慰"的是,它们的天敌狼和猞猁等等,也日趋稀少。

其实可以将貉视为一种"爱好和平"的动物。它们同类之间有温情,甚至与獾子都能融洽相处于一室。除了在捕食时偶尔露峥嵘,总体上貉算和蔼可亲的。也不知道"一丘之貉"这个成语是咋诞生的?比如《汉书·杨恽传》里说——

> 若秦时但任小臣,诛杀忠良,竟以灭亡,令亲任大臣,即至今耳,古与今如一丘之貉。

——这就将貉贬低为小人、坏人、恶人形象,似有失公允。也许得从貉的一个习性来解释:据专业人士观察,貉喜欢定点出恭,时间久了,粪堆得高,臭味浓厚。"一丘之貉"都成了"臭味相投"的;再加上貉在被追捕时,往往急中生智,将粪尿排出来以干扰敌人,越发令人对它的怪味道印象深刻……

宋代诗人赵蕃在《曾耆英见过题赠六言四首》中有一段——

> 衣敝不羞狐貉,气华正在诗书。
> 穷通故是有命,天也岂人力欤。

——这里的貂皮衣服至少是"壕"的象征,完全没有对"一丘之貉"的轻蔑。所以,活着的貉,社会地位不如它死后留下的皮毛。这也怪了。人的价值观有时是很搞笑的。

自 2000 年貉被列入"国家保护的有益的或者有重要经济、科学研究价值的陆生野生动物名录"后,貉在一定程度上得以繁荣。大规模养殖活动保证了这个物种不会濒危,除了做名贵衣

服，还能制造画笔呢！不过，我尚未看过画家充满激情地谈论过貉毛笔的好处。

日本人显然比我们更深入地研究过貉，早在二十世纪四十年代，他们就将中国貉与朝鲜貉混分成七个亚种。其中生活在黑龙江、吉林和朝鲜的乌苏里貉最好。它属于北貉（长江以南的是南貉）。因为气候不同，导致貉的皮毛差异很大，乌苏里貉的优质皮毛因此"貉貉有名"。

由此我又回想《百变狸猫》里的日本貉，它们更受到大和民族的喜爱。即便民间传说中它们妖气重重，多数时候也能以正面形象出现。不知日本文字中是否拿了中国成语"一丘之貉"？如果没有，那么貉在列岛上的地位，就很稳固了。

梅尧臣在《昭亭山》诗中有一句：兽则獾与貉，鱼则魴与鳜。意思是夸赞这座山里的动物都很珍贵或鲜美，因此不愧为一座好山。此时的貉，就像皮大衣披在人身上一样，是良好"身份"的体现。嗯，搞不清的貉。

鹿

呦呦鹿鸣
食野之苹
我有嘉宾
鼓瑟吹笙

生活中已经略微神化

外公在世的时候爱抽烟,我喜欢收集烟盒。记得当时合肥地区主要有这么几种牌子:佛子岭、光明、团结、大前门、424。还有一种似乎较昂贵:鹿茸。一般只有过年时能看到。

烟盒上那只梅花鹿头上的角不大,像嫩芽。将鼻子贴在烟盒上嗅,有种迷人的清香,导致我小时候以为鹿茸就是那味儿。可惜那些烟盒早已丢失了,否则,留到今天,是可以开陈列室的。

约1983年公映电影《火烧圆明园》,里面有个镜头:捉梅花鹿,锯其角放血。这是我首次见到"活"鹿。

> 呦呦鹿鸣,食野之苹。
> 我有嘉宾,鼓瑟吹笙。
>
> (《小雅·鹿鸣》)

不知祖先歌唱的是不是梅花鹿?他们真幸福,竟然能在野外遇到鹿。这种动物很害羞很温顺,对人有百利而无一害。若有那么几群生活在屋后的山林,一家人衣食基本无忧吧?

按照历史学家的说法,《诗经》里的鹿主要是麋鹿,而麋鹿后来的俗名是"四不像"。当时它们是中原、河套地区的常见野生物。据说《封神演义》里姜子牙的坐骑"麟头犴"的原型,就是麋鹿。

古代六艺中有"射",孔子都擅长。这不是完全用于军事,更主要的是狩猎。而麋鹿就是重要目标。包括麋鹿、梅花鹿在内的一切鹿类动物,至今经济价值极高,古人更将其当宝贝。春秋战国时代之前,"鹿文化"已经很繁荣。比如商纣王被武王部队追杀,登鹿台而死。此台为何名"鹿"?说不定可以写一篇博士论文呢!

"群雄逐鹿""中原逐鹿""鹿死谁手",这些成语都将鹿抬高到令人仰望的地步,与"问鼎中原"的意思有共通处。鹿象征的不仅仅是财富,更有至高无上的权位。可见那会儿的鹿,在祖先的生活中已经略微神化。而作为人姓的"鹿",来源或许与此相关。

开篇提及的鹿茸,是雄鹿的副性征兼战斗武器。但鹿茸长成鹿角后,也有自己的生命周期,到时候会脱落。所以我曾在电视上见过只有一只角的梅花鹿、麋鹿、驼鹿等,模样很尴尬。我还记得小时候看过一则

寓言,说一只雄鹿很自恋,把那副角当宝贝,结果猛兽追杀它的时候,恰恰是那副角挂住树枝,延误了生命。

青青子衿,悠悠我心。
但为君故,沉吟至今。
呦呦鹿鸣,食野之苹。
我有嘉宾,鼓瑟吹笙。
明明如月,何时可掇?
忧从中来,不可断绝。

诗经动物笔记

——一代枭雄曹操在《短歌行》中,直接引用了《鹿鸣》段落。但曹操是否见过野外的麋鹿,很难说。因为有学者认为,野生麋鹿在秦汉时代已经极少,到了汉代就几乎灭绝了。不过,这不代表没有麋鹿逃亡到东、南方。毕竟清代的皇家猎苑里还饲养一些麋鹿,当然,是作为珍稀动物观赏的。

麋鹿"种子"在当年英国对中国的侵略时,被英国人保存了。1956年和1973年,英国人两次送麋鹿到中国,使它们在祖先的土地上又有了繁衍的机会。说起来都是泪啊!

我们没有机会听"呦呦鹿鸣"了。动物园、养殖场里的鹿鸣,肯定不是《诗经》里的味儿。想当年,上至帝王将相,下至黎民百姓,都将野外猎鹿活动当作生活的精彩盛事,否则,发展不出那么深广的"鹿文化",孔子可能也不会要求学生们精通"射"艺了。

不知读者是否有幸品尝过鹿肉?我很小的时候在秦岭脚下吃过,是父亲生前告诉我的。但我根本没印象。不过野生的鹿现在都是国家保护动物,只能指望着养殖场能给超市送点货。鹿肉大多有很高的药用价值,所以购买鹿肉真得小心,别煮出猪肉的味道。

貆

胡瞻尔庭有县貆兮

不狩不猎

有才华有贡献？你很像獾子

我小时候只听说合肥紫蓬山一带有猪獾和狗獾，却从未见过。后来学校有位老师家得到一罐獾油，据说专门治疗烫伤。一天晚上母亲带我串门，特意到这位老师家看了獾油。好像没什么新奇。

之后母亲与老师的谈话令我印象深刻：獾子肉非常鲜美，比猪肉好吃。老师说，他年轻时在紫蓬山一个乡村小学教书，那里的农民用锄头打死一只獾，红烧了，他分到几块肉，美得不行。

直到现在，我还想品尝一下獾肉。

> 不狩不猎，胡瞻尔庭有县貆兮？
> 彼君子兮，不素餐兮！
>
> （《魏风·伐檀》）

先民见惯了獾子（貆）——狩猎的重要目标。《伐檀》显示贵族家的院子里还挂着獾子，若没猜错，肯定是受的进贡吧？獾子肉能上大席面。但古人也许不太在乎这种野生动物的肉，而更在乎其皮毛。贵族喜欢以此制作高级裘衣。直到现代,獾子皮毛仍然是昂贵的。

如今,獾子已经被列为保护动物,林业局之类的机构,获悉有人非法捕猎,会前去没收。一些好心人士也愿意救獾子,与有关饭店达成购买协议,然后将其放生。据说一只活獾子要价千元左右。放生成本也太高,大多数獾子是无法拯救了。这个时代,是所有稍具价值的野生动物的漫漫《寒夜》,且听陆游吟——

> 闭户岁云暮,翻书夜向阑。
> 足僵知火尽,目钝觉灯残。
> 跃浦鱼惊獭,穿林犬逐獾。
> 三年纳微禄,无愧得心安。

陆游是一位佩剑书生。晚上看书累了,听见外面林子里有人驱使猎犬捉獾子。我怀疑是因为那只猪獾发出类似猪的叫声,使陆游能准确辨别吧?这是宋朝的一个冬夜。按说猪獾、狗獾都应该

躲在洞里冬眠才对呀？或许猎人特意带了火种，用柴草将几个洞口堵住烟熏，只留一个出口。这种捉獾子的方法一直流传到现代。

冬天的獾子浑身是油，体重由平时的20斤左右上升到30斤左右，特别招惹猎人。其实獾子性情凶猛，逼急了，也极具杀伤力。有人不小心被笼子里的獾子咬住手，当场残废。2017年忽然出现一个网络新词：平头哥。就是专指"蜜獾"。这家伙报复心特别强，哪怕你不小心踩它一脚，它能追随你万里。我偶然看见一个视频，那只"平头哥"居然执着到跟着汽车孜孜不倦地撵仇人。

合肥这边只有猪獾和狗獾，东北还有一种体形较大的叫狼獾，但不多见，因为这种獾主要生活在北极边缘一带，可想而知，其皮毛会多么保暖！因纽特人视为宝贝。

明代诗人周叙有《题玄宗追獾图》一首——

> 朝罢鸣骹动，终南杖猎游。
> 追獾应适意，衔橛却忘忧。
> 日入黄云暮，风生碧草秋。
> 从官无谏疏，老去忆韩休。

——不知此图是否后人的想象之作？总觉得玄宗那样的皇帝不会很喜欢打猎，而且"追獾"也不能显现一位帝王的英武雄健。古代文人常常将獾比作坏人、小人，或者以此表现荒凉景色，其形象不是很美好。元代诗人山主有句"冷淡郊园消洒处，獾狐来往频游"，将獾与狐狸并列，烘托一片萧瑟，但其真意却是喻指当时的社会宵小横行，君子好人不得意。

我小时候上语文课，知道鲁迅少年时代见过闰土用钢叉捕猹。当时老师无法解释猹是啥，直到信息社会来临，问题才被解决——猹就是獾子。獾子主要吃荤，应该不会破坏闰土家的瓜菜吧？但人们不放过它，谁叫你一身好肉好毛呢？

之前还有人诬蔑王安石为獾子，见于宋代《邵氏闻见录》一书。此说是王安石政敌蔡京的儿子传出来的，我怀疑是故意的——当时一个叫李士宁的"异人"，识破了王安石的前世，说其母将要生产的时候，一只獾子跑进产房，再也没出来云云。只能说，王安石因为有了类似獾子的一身好肉好毛，导致不见容于很多人吧？所以某种意义上说，这世界上很多有才华有贡献的人，都是獾子。

豼

发彼小豼
殪此大兕

猪可能不同意我的观点

十来岁那年，我救过一头小猪。当时我随外婆经过五外婆家门前，远远看见大树下躺着一头老母猪，许多小猪围着它哼哼唧唧玩闹，唯有一头钻在它肚子下吃奶。

奇怪的是，其他小猪都是粉红色，这个吃奶的小猪却是紫红色。而且，它钻在母猪肚子下一边吃奶一边乱动，尤其两条后腿蹬得厉害！

走过去，细看。原来，小猪被母猪压住了头，憋气太久，导致身体发紫！

我立即双手掀开母猪肚子，一脚将小猪拨出来。很快，它恢复粉红色，爬起来就乱窜……

发彼小豝，殪此大兕。

（《小雅·吉日》）

豝，被释为"附着于母猪的小猪"或"因过于肥胖而附着于地面爬行的大猪或母猪"。总之是猪。但三千年前通过射击得来的"小豝"，应该是小野猪吧？

据考古学家说,新石器时代早、中期,中国人就有养猪迹象;到了商、周时代,连阉猪技术都成熟了。猪是人类最早的生活伙伴之一。当然,猪可能不同意我的观点。

我小时候见过表弟将猪当马骑。原因是看了与鬼子打仗的电影。合肥地区没有马,表弟没办法,临时将五外婆家大公猪想象成一匹黑马,趁其不备,揪住鬃毛蹿上背。大公猪吓坏了,撒腿就跑,表弟双腿夹紧,死死揪住鬃毛不放,大喊:"驾!驾!冲啊!"结果大公猪冲进一口池塘。虽然表弟水淋淋地上来了,但我当时认为他非常英勇。

我不喜欢农村猪圈,臭烘烘的,里面全是烂泥一样的猪粪、尿,与猪食混在一起。后来看考古资料,发现汉代墓葬里有陶器制作的生活场景,人家屋子边,有一个猪圈。与我在乡下看见的差不多。可见两千年来,猪圈进展不大。资料说,汉代中国人选育优良猪种已经有一套了,而南北朝时期,在家饲养渐渐代替放牧。猪的野性越来越弱,对咱们祖先的生活而

言,也就越来越可靠。

与《诗经》里的射击"小豝"镜头相比,从猪圈拉一头猪出来招待客人,会更方便。我小时候住在中学校园,食堂旁边有个猪圈。师傅们负责为学校喂猪,反正每天剩余饭菜很多。

到了大节、过年前,学校要杀猪,就从外面请来屠夫,食堂师傅去拉猪。但猪好像有很灵敏的第六感,老远就知道那边有个家伙是屠夫,撒腿就跑……每到这时,母亲就把我拉回家,不准再看。但外面追逐猪的大呼小叫,听得清清楚楚。

当天晚上,食堂里必定给教职工加餐,母亲带我一起去吃猪肉。夹在那么多大人中间,我是孤独的小孩,唯有一碗红烧肉是最好的伙伴。

猪是中国以及世界历史文化的重要内容。我敢打赌,很多历史学家、文学家、哲学家等等,正是在吃猪肉时获得了灵感。迪士尼动画片《三只小猪》我百看不厌,猪八戒的故事就更不用说了。但随着年岁的增长,我越来越不喜欢吃猪肉了,原因是它的臊气。

前天在路上遇到一辆货车,后车厢是铁栏杆焊起来的,里面挤了数十头猪,背上有红漆画的记号,显然是要去屠宰场。凄惨!现代人再也不会用箭射它们了,而是一套工业化操作。但这个进步无法替代"发彼小豝"里的野性美和自然美……也许,我的文艺病又犯了?

羊

谁谓尔无羊

三百维群

"诗三百"之诞生有羊肉背书

师部大院西墙外是公路,公路对面有座矮山包,剩半壁,另一半被水泥厂炸去加工了。

我常常翻墙上山,坐在半壁悬崖顶上看天看地,尽享孤独的乐趣。

有天傍晚,我看公路上走着群羊,后面跟随一位老农,手举竹竿,竿头拴条绳子,偶尔在羊群上悠一下。我就被震撼了。原因是他(它)们被夕阳映照,红彤彤的,在那里行走,安安静静地壮观着。

太阳、月亮、星空,也是这么安静地壮观的。

真正的壮观是很安静的,比如高清照片里的大草原,一群白羊在无边的绿色中蔓延……

谁谓尔无羊?三百维群。

(《小雅·无羊》)

那时的王公贵族们,一群羊就有三百头左右,这得对应多大的牧场啊?十群呢?所以,祖先们的一部分作为游牧者,和羊是

很亲的。因为他们不得不跟着羊屁股，悠远地流浪。站在今天来看，简直"诗"意洋溢。

羊之大为"美"。鱼加羊为"鲜"。羊自古就是好东西。"吉祥"在那个时代的青铜器上，通常写成"吉羊"。历代诗歌中关于羊的美词艳句很多，多到我懒得引用的地步。不如继续回忆亲眼见过的羊……

有一年夏天，我和姐姐去河对岸看鹭鸶，误闯树林后的小村庄。我很警惕，因为那个偏僻村庄一定有散养的狗。我四处瞄。很安静。冷不防，林子里冲出一条黑乎乎的家伙！"叫狗不咬，咬狗不叫"啊！定睛一看，却是只黑山羊，气得我想踢它屁股！

之后我和姐姐走到大河埂上，发现草丛中好多圆溜溜黑油油的"豆子"——都是羊拉的。姐姐说膻臭。我就点燃一支香烟……

这个情景与《诗经》有关。我觉得里面很多首来自时空深处的歌，都有姐姐的味道。而祖先如此重视羊、赞美羊，并不仅仅在于口腹的现实主义，还有深刻的浪漫主义——

> 尉佗之时，有五色羊，以为瑞。

——《汉书·南越志》的记载，就是广州号称"羊城"的由来。"五色羊"一说，我能确定的是黑、白以及被夕阳映照的"红羊"，另二色只能想象。而想象可以直达天堂。西方古典名画中羊的形象很多，就与《圣经》、天堂有关。它们表现的温柔，近乎人类追捧的慈祥。羊在想象中被赋予强烈而超越的道德情感，直至神圣的地步。这种浪漫情怀，很可能源自现实的悲伤……

另有一种浪漫，层次不够，但趣味很足。晋武帝喜欢坐羊车，去找自己的嫔妃。羊停在哪个妃子门前，他就下车进去玩耍。为争宠，妃子们想方设法在自己门前放羊爱吃的食物……当然，这个故事后面肯定有一条默默的小溪，充满胭脂泪。

羊的用途极多，从上古的食物、祭品到后来的"宫廷车夫"，表现了它涉足人类生活的深度和广度。所以在文化层面，羊的精彩绝伦一如国宝"四羊方尊"。

这个青铜器被发现，颇有戏剧色彩，是湖南宁乡姜姓三兄弟在山腰开荒栽红薯时，用锄子锄出来的。那是1938年4月呢！鬼子已经肆虐中国。一般百姓能够糊口已经万幸，谁还想知道它是不是国宝呢？所以四羊方尊最初以四百大洋卖掉了，乐坏一家穷苦人。之后国宝一路辗转，进入走私渠道，长沙县当局开始警惕，没收此物，交给当时的省主席张治中。而这位将军却没太把它当回事，只是做笔筒用。

这不仅是对国宝的羞辱,也是对羊的轻视。来自商朝晚期的一件重量级礼器,当年很可能是王的专属用品,被摆在祭祀场所的显耀位置——就这样沦落做了笔筒……彼时的四羊方尊所受礼遇,还比不上后来吐鲁番出土的织物"三羊开泰"——一种珍贵的南北朝生活用品。而"三羊开泰"根植《易经》的"三阳开泰"说,是冬去春至阴消阳长的大吉祥。

先民在北方牧羊的时候，时光静好，就是操劳了点。我们有理由认为，"诗三百"的诞生，有羊肉的营养背书。它的膻气和圆溜溜黑油油的粪便，被《诗经》——这本覆盖华夏广袤原野山川的大书——吸收、消化为另一种营养品，让中国人反反复复咀嚼两千多年。

兔

有兔斯首
炮之燔之
君子有酒
酌言献之

体验一次祖先的生活

合肥花冲旧书市场边有很多卖小宠物的,我老远就能闻到兔子臊味。它们大多待在铁丝笼子里,一跳一跳,温柔而胆小的感觉。

其实它们被卖主整理得很干净,那种臊味很大程度来自我少年的记忆。

母亲在校园工作之余,养过两只兔子以及它们迅速"提供"的数十只后代,导致我家后院不得不增加楼房式样的兔子笼。原本养兔子的乐趣荡然无存,母亲每天得寻找大量草料。

又因为这些被囚禁的兔子拉屎撒尿,导致院子味道出类而不拔萃,完全脱离教师之家的风格。终于有一天,母亲将兔子全部送人。

有兔斯首,炮之燔之。

君子有酒,酌言献之。

(《小雅·瓠叶》)

《瓠叶》里说用泥巴涂裹兔子再烧烤,让我想起"叫花鸡"

的制作方法。这种貌似原始的烹调手段，至今适用于世界各民族。前些天我看视频，还有中国山民在自家场地上挖坑，放入山芋、鸡、鱼，盖上土，上面烧柴草……之后一家人聚在旁边大吃。令人出乎意料的是，这视频短期点击量竟达上百万。

所以我认为，某些古老、原始的事物，有它永恒的价值。它既不会进步，也不会退步。因为它超越了进步或退步。它是自在的，所以永恒。兔子貌似也是——当它从《诗经》里蹦出来的时候，那种臊和鲜与我的记忆并无二致。

作为古老的中国文化符号，兔子与月球关系很铁。祖先们与嫦娥混得烂熟，总少不了那只玉兔举杵陪衬，而一旁伐桂的吴刚，则面目模糊。广寒宫的寂寞，主要是被兔子消解了。李白说：白兔捣药成，问言与谁餐？（《古朗月行》）这是阿姆斯特朗踏上月球之前，我们能得到的唯一关于彼处的社会新闻。

我家有几册介绍武强、杨柳青年画的书，里面兔子形象传统而拙朴，比迪士尼动画中的兔八哥多了一点乡村气息。但它有美好的象征意义，并不以形象或故事取胜。过去北京人过年时，街头很多卖兔儿爷灯的，汪曾祺等老一辈文化人都喜欢，还专门撰文介绍兼抒情。合肥人没有这个习俗，但每逢兔年，相关贴纸是少不了的。而属兔的人，在这一年则加倍小心。我一直不理解：为何本命年的属相，不能保护人？

兔子在人间的蹦跶范围，几乎不受时空限制。"狡兔三窟"一说，可能不仅仅是指山坡草地里的洞吧？

1984年初，合肥地区普降瑞雪，深达我膝盖。太阳露脸

的时候,我激动万分,因为校园里的雪地上,能看到野兔的脚印!我带了棍子,追随兔迹奔波很远。虽然没能找到它们,但找到了少年时代唯一一次打猎的欢乐。现在想来,我可能体验了一次祖先们的生活。

......

还家行且猎,弓矢速如飞。
地迥鹰犬疾,草深狐兔肥。

......

(崔颢《古游侠呈军中诸将》)

——来自大唐王朝的情景，我去年秋天还见过。在派河西侧田野散步时，无意中走下田埂，惊扰了那只十米外的野兔。它从枯草中"噌"地弹射起来，似乎没落地，就在空中狂奔了。也许正是这迅捷的反应、伶俐的身姿，使兔子获得聪明的美名。蒙古、俄罗斯、日本都有相关传说，上文提及的美国兔八哥，则将其聪明形象，提高到又好气又好笑的地步。

　　古老中国的玉兔形象，不为表现聪明，而是神奇与温馨。与印第安人的神话相比，玉兔还不够伟大，因为他们的白兔"马纳博佐"，是创世时代的英雄，没有它老人家，人类就被巨怪们吞了。据说"马纳博佐"还是美洲的普罗米修斯，为人类盗来最初的火种。

　　华夏先民对兔子情有独钟，但也不乏警惕。过去是不准孕妇吃兔子的，怕娃娃出来长着三瓣嘴。但也有地方风俗认为，孩子出世后，应该送他一幅画：六个小孩围着一张桌，上站一人手持兔子图。意为吉祥安宁、步步高升。对此只能说，咱大中国实在太大了，同一个事物的矛盾解释，恰好对应了"橘逾淮则为枳"的广袤而自由的风景。

咒

殪此大咒　发彼小貀

落入人间，难免变坏

早期电视节目中好听的音乐不多，所以《动物世界》片头曲惊动了我的童年。日前在网络偶遇旧视频，熟悉的声音令人感慨万千。

这首曲子配上犀牛的奔跑与战斗，特别合适。那沉稳的鼓点犹如犀牛不屈的脚步。

是的，儿时第一次通过屏幕见识犀牛，就震惊了，就爱上了。它似乎与男孩子天生的英雄崇拜情结直接相关。与犀牛相比，老虎稍显花哨，而狮子近乎慵懒。唯有犀牛高昂的独角和坚定的眼神，表现山一样的不可撼，不可辱，不可摧。

> 发彼小豝，殪此大兕。
>
> （《小雅·吉日》）

其实兕不能等同于犀牛。但学者们历来又无法将它俩分得一清二楚。我个人觉得兕有神性，而犀很通俗，只是形象接近。因为今天我们找不到兕，只有犀牛，所以，不妨将它们"混为一谈"。

二十年来辨是非，榴花开处照宫闱。

三春争及初春景，虎兕相逢大梦归。

——此诗来自《红楼梦》第五回中。虎、兕并列，均为凶兽。《论语·季氏》有道"虎兕出于柙"；汉代王逸《九思》中说"虎兕争兮于廷中"，都是把它们比喻成有权势的恶人。日本人渊在宽（一说细井徇）于1779年绘诗经名物时，却将兕画成牛头、鹿身，头顶一只短、细、直的角。不伦不类，无法与虎并列。还不如直接采用犀牛形象呢！

我只是在动物园见过真犀牛，它们明显没有《动物世界》中的气势。高大粗壮的身影里，缺少野劲，导致我觉得它们就是少了一只角的黑水牛。而上古人谈兕，是作为祥瑞物的，"逢天下将盛，而现世出"。这价值与麒麟有得一比。

难道很古老的时候，中原、河套一代生活过犀牛吗？我记得古生物学家在那里挖到过大象骨头。而非洲犀牛和大象的确是共享同一片草原、林子的。也许很久以前,我们祖先面对的气候,非常适合各种生物繁衍吧?

孙悟空与兕怪结梁子的故事,一般中国人都知道。吴承恩形容那头兕时说——

> 独角参差,双眸幌亮……毛皮青似靛,筋挛硬如钢。比犀难照水,像牯不耕荒……细看这等凶模样,不枉名称兕大王!

——这分明就是犀牛。但现了原形后,又成了青牛,是太上老君坐骑——老子在人间过函谷关时的交通工具。看来,落入人间,兕就变坏了;只有回归天堂,才是神奇宝贝。吴承恩是不是有点反社会人格呢?即便他说的是实话。

> 犀兕麋鹿满之。

——《墨子·公输》的时代,犀与兕都是常见物,并且代表一方水土的富饶。《三辅黄图》记汉武帝时代,西安有个富翁叫袁广汉,建造私家园林,里面养了很多珍禽异兽,如白鹦鹉、紫鸳鸯、牦牛、青兕等。可见那时兕已属稀罕。也许,犀牛或兕是在短时间里迅速濒临灭绝,导致它们忽然成为传说,并因此被人们的想象力夸张、神话了吧?

有学者发现,《左传·宣公二年》提及"犀兕尚多",之后的古书里就不能再以平常心看待犀、兕了。难道就是在那个时代,

忽然改变了华夏大地上这种动物的命运?

  出土文物中,有一种酒器叫"兕觥",大大的身躯有点犀牛味道,盖子往往是带角的兽头。还有学者认为,兕是母犀牛,可惜难定论。因为《山海经·海内南经》说"兕西北有犀牛,其状如牛而黑","兕"好像又是个地标物。到了李商隐笔下的"身无彩凤双飞翼,心有灵犀一点通",那"犀"又成了心灵感

应的象征。这一切都很乱。

　　也许,我们无需追根问底。有些事物,保持它的神秘,才符合自然之道吧?就像小时候看屏幕里的犀牛,心生崇拜;而后来在动物园遇到它们,反倒惋惜不已。

猱

毋教猱升木

如涂涂附

黄山挑夫，人中之"猱"

父亲说 1966 年他在井冈山，遇当地百姓卖猴子。"吼子，吼子，6 毛一只。"这是父亲转述的井冈山土话。我大喜，这么便宜！买了吗？父亲说，好多人口袋里 6 毛都没有，不便宜！那时常常饿得慌，哪有心思玩猴子？

那时父亲凭着一腔热血，走南闯北，志气昂扬。但后来回忆，他感觉当时的青少年，大多像无知的猴子。

毋教猱升木，如涂涂附。

(《小雅·角弓》)

猱被释为猿猴、猕猴。但在古人心目中，猱比我们见过的猴子更多一点神奇色彩。也许猴子灵活的动作反应，使祖先们将其判断为智商很高的动物吧？所以，很多神话传说中都有猴子或猱的身影。尤其是后来的《西游记》，给猴类赋予极大的光荣。而孙悟空的原初形象，除了吴承恩综合自历代关于"西游"的传说，更早还可以追溯到古印度史诗。

因为英雄崇拜情结，可能每个中国男孩都曾扮演过猴子。

我小时候与伙伴们一度流行每人手里拿一根长棍,这就能找到孙悟空的感觉。然后整个暑假就用这根想象中的金箍棒打架,或横扫校园里的杂草、小树。

《诗经》用"猱升木"来比喻人性善于模仿,指其情形极为迅速和敏捷。之后,很多中国古典诗词里,只要提到"猱",往往与灵巧和险境有关——

水于天下实至险,

山亦起伏为波涛。

其巅冥冥不可见,

崖崖斗绝悲猿猱。

(节选自《葛蕴作巫山高爱其飘逸因亦作两篇》)

作者王安石用"悲猿猱"来加强险境、绝境的不可逾越感,猱,是衡量天堑的标尺。唐代诗人净显《题广爱寺楞伽山》有一句"灵异不能栖鸟雀,幽奇终不着猿猱",则将奇山里的险境,通过猱的绝迹,而赋予一种神仙味道。我对此的想象,落在峨眉山那群著名的猴子身上——

紧贴悬崖峭壁的山路一侧,它们常年守候着游客的零食。据说因为有的游客得罪了这些猴子,曾经遇险。对于猴子而言,悬崖峭壁就是它们的通天大路,所以其一举一动,人们都不能大意。否则,它们干过坏事拍拍屁股就溜得无影无踪,你却要在这上不着天下不着地的山上等待救援队。

李贺一句"俊健如生猱",可形容奥运会上的体操健儿。但若专用猱指称美女,就完了。关汉卿剧本《谢天香》第一折中说——

先将那等不会弹不会唱的除了名字,早知道则做个哑猱儿。

——这个猱却是妓女代号。明朝依然沿用。徐复祚《投梭记·谋窜》中有道："全不想猱儿玉貌如花朵，拼得个珠沉玉破，须念我娘儿折磨。"咱就疑惑了：为什么用猱（猴子）代称妓女呢？《黠猱媚虎》这则寓言也许能说明问题，它见于明代的两本书《贤奕编》《古今谭概》，但起源可能早在元朝之前，说的是——

猱帮老虎搔头，老虎很舒服。殊不知猱儿在其头上搔出一个洞来，挖脑髓吃，还给老虎尝一点。之后老虎感觉头空且疼时，猱儿却溜到高木上。虎死。

"猱"字现在不常用了。但为了宣传景点的奇绝，吸引喜欢冒险的游客，四川剑门关于 2016 年发布新闻说，"猿猱鸟道"开放。这条山道与华山那条吓人的山道很像，紧贴悬崖石壁，最宽处不过 30 厘米，窄处只有 15 厘米。其实这条道很古老了，是附近百姓、先民上山采药的便道，对他们而言，也算家常，而今成了 5A 级景区的宣传要素。

宋代文人周密在《齐东野语》中，提及一位野婆"上下山谷如飞猱"，大概可以用此想象剑门关、华山土著吧？我亦曾目睹黄山挑夫在险恶小道上，肩负百十斤货物健步如飞，这都是人中之"猱"啊！

蜮

为鬼为蜮　则不可得　有靦面目　视人罔极

它有氰化钾之类的毒药吗

蜮究竟是一种狐狸,还是一只三足鳖,抑或其他?古人说法不定。总之,这东西绝非凡角,防不胜防。

小时候就熟悉这个成语:含沙射影。"含沙射影"便是蜮的进攻方式:蜮藏在水里,看见人走过来,用沙射击,轻者得病,重者死亡。按照现代人理解,蜮很像狙击手,所以古人又叫它"射工"。

> 为鬼为蜮,则不可得。
> 有靦面目,视人罔极。
>
> (《小雅·何人斯》)

鬼、蜮并列,至少三千年了。人们怕且恨。虽然至今没有实物可证,但大家都相信其存在。有时候,我们甚至消极地认为,周边熟人中就有鬼和蜮,只是披着人皮罢了。元代诗人吴莱有一首《时傩》道:厉神乃恣肆,魊蜮并猖狂。貌似描绘一次民间巫术或祭祀活动,所谓"魊蜮"亦是指鬼蜮。它们横行人间很久,又没有直接的反抗方法,只能寄希望于神奇的仪式,来祈求上苍力量介入。

欧阳修有诗《自歧江山行至平陆驿》道：水涉愁蜮射，林行忧虎猛。但这个可能是对自然环境的畏惧。如果蜮仅仅是藏在水中的一种害虫，倒也不至于危害很大。我儿时就听大人说，不要在中午下河洗澡（游泳），因为水鬼会抓住小孩脚脖子，拖下去淹死。那么蜮大概也算一种水鬼吧？只是不抓脚脖子罢了。

真正恐怖的不是鬼、蜮之类，唯有人是可爱又可怕的。一场战争或一次冤狱，足以致千百人于死地。明代沈德符在《万历野获编·王师竹官庶》里记载——

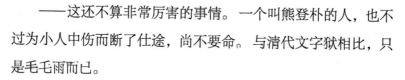

又因宋儒谗说致熊登朴两遭蜮射，无端左官，人谓江陵英察，兹事则太愤愤云。

——这还不算非常厉害的事情。一个叫熊登朴的人，也不过为小人中伤而断了仕途，尚不要命。与清代文字狱相比，只是毛毛雨而已。

每到王朝末年，社会动乱，鬼蜮横行，往往意外地造就一大批杰出文人，怀着悲愤批判现实，却又不敢说得太明白。龚自珍曾有一组动物寓言，其中《捕蜮》堪称"聊斋"类精品，说蜮善妒，连人穿了件漂亮衣服，它看着都咬牙切齿。但蜮不妒忌黑色丧服。所以人若穿着黑衣，可以安全混进蜮群，以设法消灭之。但早先的蜮好像并不坏。据《竹书纪年》说——

> 周惠王二年，王子颓乱，王出居郑，郑人入王府多取玉，玉化为蜮射人。

——在此看来，"蜮"似为"玉"的同音转型？以报复那些郑国小人？可惜潘多拉的盒子一旦打开，"蜮"就不可控了。发展到今天，已经无法令人欢喜。数百年后的《博物志》说，蜮生活在南方水中，嘴里有横肉呈弓弩形，具极大弹性，它射出的沙粒穿透力相当于子弹。问题是，沙粒本身无毒，难道蜮自带毒药？而且是"一剑封喉"或氰化钾之类的厉害毒药？古书好像没有说。

拿人比蜮，有一点非常相似，就是不动刀枪而干掉对手。语言作为武器，历来被社会各阶级所重视，黑道白道都离不开它。《博物志》对蜮还有个说法是——

> 以气射人影，随所著处发疮，不治则杀人。

——"气"与语言一样，是无形的。杀人于无形，往往被武林称为"高手"。小时候看过一个惊险故事片，名字忘了，只记得坏蛋用毒针扎人，几无痕迹，很难查证。而后来翻阅记载"古拉格群岛"往事的书时，竟然还有用伞尖发射杀人毒药的：是前苏联克格勃发明的秘密武器。被射中者，当时没什么痛苦，数小时后必猝死。就是说，蜮的含沙射影法，被现代科学发扬光大了。

蜀

蜎蜎者蠋，烝在桑野。敦彼独宿，亦在车下。

诗意蝴蝶有个煞风景的前世

过去的米缸里会生虫,一种乳白色的小肉虫。不小心的话,会将其与米粒一起煮成饭吃掉。

我小时候不怕这类虫子,还将其抓在手里观察。奇怪的是,它们怎能在米缸里生活呢?光吃米,没有水喝,怎么长大?后来有一说是,米缸里面受潮,虫卵、虫子可以吸收水分,从而孵化、生长。

成年的米虫,可以变成一种灰白色小蛾子。我也见过,很讨厌。在米缸里扑闪,晚上还会飞到油灯附近。

> 蜎蜎者蠋,烝在桑野。
> 敦彼独宿,亦在车下。
>
> (《豳风·东山》)

蠋,被释为蝴蝶或蛾子的幼虫。色青,似蚕。野外这种虫子很多,比如收割一捆黄豆回家剥,不时能剥出一条青色或泛红的肉虫来。那时母亲养鸡,我直接将肉虫扔给它们,这是上好的饲料。

青菜如果不打药，也容易生虫。小时候我母亲种菜，很环保，所以收回来的青菜，多虫眼，小青虫躲在菜叶间，比米虫稍大。

大青虫通常生活在树木上。我家后门种一排梧桐树，有一年夏天，我用竹竿捅，居然掉下一条拇指粗的青虫，头上还像犀牛一样伸出一只角！这种大虫看得人起鸡皮疙瘩，我不敢用手捉。恰好小表弟那天在我家玩，我就用铲子将虫铲起来吓唬他，表弟哇哇大叫着逃跑了。

后来读书，常见这类虫子的记载。《庄子》中有一句——

> 奔蜂不能化藿蠋，
> 越鸡不能伏鹄卵。

——这里的"蠋"，被释为豆子中的大青虫。作为蝴蝶或蛾子的幼虫，蠋没有成虫好看。尤其是蝴蝶，通常是美艳的象征。女孩头上的蝴蝶结，使她看起来更可爱。但咱们不便用科学的语言说，蝴蝶是肉虫变的。肉虫有些煞风景，而

蝴蝶则是诗。这个道理后来被外国童话《灰姑娘》等也体现了,很励志的感觉。

《搜神记》里记载过一种"蠋",又名"青蚨"。说它——

(生子)大如蚕子,取其子,母即飞来,不以远近,虽潜取其子,母必知处。

——看起来是表现一种"母爱"的力量,但接着就被人邪恶地运用了——将这种虫子的血涂在钱上,然后上街买东西,只用其中的一种:母钱或子钱,然后它们会飞回这个人手中。显然,这是古人中利欲熏心者的想象。

外婆养过蚕。小时候我亲眼见过肉乎乎的蚕在大竹簸箕里蠕动。它们也可以称为"蠋"吧?当它们吃足了桑叶,就会结茧。有一年,我得到一只蚕茧,很可爱,把玩之后,就将其放在床头垫絮下面,忘记了。

好像过了一两周,发现蚊帐趴着一只土黄色蛾子,一动不动。我忽然意识到,它可能来自蚕茧。翻垫絮,果然,那只茧已破口了,上面留着些芝麻粒一样的东西,应是蚕卵。孵化之后,就是最有价值的一种"蠋"了吧?

古人对"蠋"的各种记载,真实所指必定有很多差别。比如"蠋绣",肯定是指一种木头里的肉虫,它们将木头钻了很多长长的通道,锯开看,纹路别有情趣。

最近我还在视频里看到一种美味的"蠋",是生在竹子的一种肉虫，淡黄色。熟悉它的人，见到就抓住，扔嘴里咀嚼！坦率地说，我心理上不能接受！当地人还邀请来旅游的城里人吃它，就有一位汉子硬着头皮接受挑战——闭眼，将肉虫狠狠地塞进嘴里……

祖先们一定吃过很多种"蠋"。在缺少精美食物的远古时代，这些貌似恶心的肉虫，其实可以提供很多蛋白质。文章开头提及的米虫，我小时候肯定没少吃过，只是不知道而已。

蚤

彼君子女
卷发如蚤

上等菜肴以奉上宾

犹记 2010 年 6 月第一次吃蝎子,是在《青岛日报》的内部食堂。嚼起来脆脆的,没啥感觉。坦率地说,我更喜欢青岛的海鲜。

小时候在犄角旮旯里翻到过蝎子,见它翘着尾巴慌乱逃跑,觉得没有大蜈蚣可怕。这种与蜘蛛是亲戚的虫子,现在野外罕见了,据说已成为国家重点保护野生动物。

最近我在合肥罍街又见到油炸蝎子,价格挺贵,问其来源,是养殖的。我观察了一会,发现大多是年轻女人购买品尝,深感意外。

彼君子女,卷发如虿。

(《小雅·都人士》)

先祖竟然用虿(蝎子)尾巴形容女人的卷发之美,令我想起老电视剧《西游记》里的蝎子精——她的刘海卷成钩,有妖媚感,嗯……我还是赞同祖先的审美吧。

但蝎子更深远的文化含义是恶毒。所谓蛇蝎之心、蛇头蝎尾等等，没有一好词，避之唯恐不及。可是，如果说每公斤优质蝎子毒干粉价格是180万元，超过黄金，咱还避不避呢？这是个问题！对于养殖蝎子的人而言，其真正目的不是卖给人油炸，而是采毒液。为了增强蝎子毒性，当今中国人甚至研究出中药养殖法，收获很大。其实自古蝎子就是上好的药材。南宋诗人龚开在《宋江三十六人赞》中说"双尾蝎解宝"——

医师用蝎，其体贵全。
反其常性，雷公汝嫌。

看来蝎子全身是宝。用它形容绿林好汉，没有贬义，只是突出其威猛。人们对凶恶的动物，内心既畏又敬，感情复杂。如果它能像蝎子一样为人所用，那么即便是"五毒"之一，也可达成互谅协议。

古人过端午节，有些风俗各地相近。比如对付"五毒"，主要用艾蒿、雄黄酒。因为蝎子等毒虫在那个节气毒性最大。过去民间剪纸艺术繁荣，可以看到村里人家门上贴着"公鸡吃蝎子""农夫锄蝎子"等图案，若能收集保存下来，开个小展览馆会挺好。

四亿年来，蝎子凭着尾巴上的毒刺，爬遍地球大多数地方。大型蝎子好像常见于非洲沙漠、草原。我看过电视上播放一只獴与蝎子战斗，惊心动魄，因为那蝎子比我脚还长！这獴要是被它扎一针，还能有未来吗？但獴偏偏不怕，跳来转去，像玩耍似的，最终将蝎子放进餐盘。

回到咱们祖先时代，有些故事叫人不寒而栗。说商纣王除了"剖腹观胎"，还有"虿盆之刑"，就是在地上挖个大坑，投入蛇蝎，再将不喜欢的人扔进去。而这个主意其实是妲己出的。后来民间有一说"最毒莫过妇人心"，或许与此有关吧？

含笑吟吟，怀毒深深。左搓芒绳生缚鬼子，倒拈蝎尾殃害平人……

宋代高僧释惟一所作《偈颂》，又一次通过蝎子批判了人心。其实蝎子用毒，无非捕食和自卫，倒也单纯，用其比喻人，估计它不愿意的。

过去我一直以为广东人十分英勇，黑蚂蚁、毒蝎子、癞蛤蟆等等虽然名声不好，却被广东人视为上等菜肴以奉上宾。后来看了一些东南亚尤其是柬埔寨的资料，发现广东人还是有劲敌的。那边人连大蜘蛛都吃。

我不能认可这些食物，但做药物是另一说。山东沂蒙山的蝎子据说毒性很大，药用价值很高，有人在网上传授泡酒方法：洗净后用盐水浸泡，再煮十分钟；阴干后，每15克蝎子用一斤酒泡一周，即可。据说喝此酒有益于人的神经系统、消化系统，还能治疗心脑血管疾病。蝎子这么毒的东西，只要用得对了，还可以救人一命。我觉得挺自卑的。

螽斯

螽斯选选兮

螽斯羽

它还有颜面回归《诗经》吗

少年时代,能得到一本小人书(连环画),是激动人心的。

如果得到三分之一本呢?

三十年前的暑假,我便遭遇此痛苦。更何况那本叫《促织》的小人书,改编自《聊斋志异》!翻了十多页,竟然告缺!史上没有比这更令人恼火的了。

万般无奈之下,少年的我按照自己想象,开始接着画后面缺失的部分……那是一次关于蟋蟀的艰难创作……

> 螽斯羽,诜诜兮。宜尔子孙,振振兮。
> 螽斯羽,薨薨兮。宜尔子孙,绳绳兮。
> 螽斯羽,揖揖兮。宜尔子孙,蛰蛰兮。
> （《周南·螽斯》）

螽斯不是蟋蟀,但同族,分为蝈蝈、纺织娘等品种。前者偏胖,后者较瘦。《诗经》是世上最早记录此虫的书。

此诗洋溢喜庆气氛,这与我们在夏天的城市街头,遇见一位卖蝈蝈的农民的感觉,是相似的——老远就听见"趣趣!趣趣！"的叫声，连川流不息的汽车噪音都掩盖不了它们的"欢乐颂"。

据说养蝈蝈是从宋朝开始的，到了明代，连皇帝都喜欢此虫，清朝更是延续了这种玩物丧志的风气。

我个人猜测，民间最初养蝈蝈或蟋蟀，不单单是因为闲情雅致，可能主要是为了赌博吧？《促织》的故事就揭露了明朝蟋蟀是如何因为上层喜好加赌博之风，毁了一个个家庭。而作者蒲松龄是清朝人，生在有同样风气的社会中，只是不便写当朝而已。

螽斯的种类很多，最常见的是纺织娘。玉一般的翠绿，身材体现的流线，无比轻盈。

多年前的一个夏天晚上，我听见纱门外有它的脆亮叫声，便带着手电筒悄悄走过去，循声渐近……待最终确定它所在的那个"点"时，忽然打开手电筒——古老的螽斯——灿然展现！

其实那时它是呆了。因为鸣声瞬间消失。仅剩一只纺织娘安静地趴在草叶上，头顶两根触须随风轻甩，像五线谱之线一般悠扬。

民谚说"蝈蝈叫夏天到"。这美丽虫儿的生命，其实比知了长不了多少，至多3个月。作为螽斯一族中最常见的种类，纺织娘遍布大江南北。如果置身远古，在一个没有现代化的时空，那样的夏天夜晚，是不是全世界都在播放"欢乐颂"呢？

郑玄注《诗经》有道："凡物有阴阳情欲者，无不妒忌，维蚣蝑（即螽斯）不耳，各得受气而生子，故能诜诜然众多。后妃之德能如是，则宜然。"

——在古人所喜欢的象征意义中，螽斯不但因为子女众多而被视为吉祥，还附加了人类的优秀品格：不妒忌（嫉妒）。所谓"后妃之德"，若似螽斯，则宫廷安稳，母仪天下。

先秦时代将螽斯捧到这么高的地位，结果被后代打造成赌博用具，可谓凄惨。这是没有颜面回《诗经》的。最初的美好象征意义，在时光中，被市井红尘给蒙蔽了。

好在还有历代文人将其美丽形象拯救在艺术中。明朝孔贞运借螽斯赞他人曰："闺门之内，歌樛木而咏螽斯，和气蒸蒸也！"——这是螽斯体现的"后妃之德"的延续。而现代的齐白石先生画的蝈蝈、纺织娘等虫儿，在如今的拍卖市场，是论"只"要价的——看官可以查查，金额是以"千"还是"万"为计算单位？

脱离艺术的蝈蝈，身价也不菲。极品蝈蝈的单价，十年前已破千元。可见螽斯一族作为玩物的传统，被牢牢继承了。还有专门养殖的呢！透露的学问大大的。尤其是药用价值，一般人是不知道的——竟能主治水肿尿少、腰膝肿痛、湿脚气！

从《诗经》中作为庆贺子孙满堂的吉祥物，到治脚气，螽斯的这个跨度，令人捧腹吧？但也感觉它十足的可爱。

喓喓草虫

趯趯阜螽

未见君子

忧心忡忡

太宗啊,您吞的蝗虫是烧熟的吗

1986年春夏之交,少年的我在田埂上行走,听见稻田里一片"嚓嚓"的声音,那是无数蝗虫在蹦跳,荡漾起即将成熟的稻子的香味。

如果不以人世利益来权衡,蝗虫其实算一种美丽可爱的小昆虫。它们孤独而胆怯的身影,藏在每一处草丛,全部的逃生指望,就是那一双丰满的大腿——像缩小版的鸡腿。

它们并不想害人,只是想吃饱肚子。

> 喓喓草虫,趯趯阜螽。
> 未见君子,忧心忡忡。
> 亦既见止,亦既觏止,我心则降。
>
> (《召南·草虫》)

"阜螽"就是蝗虫的幼虫。我在小区楼下见过嫩绿色和土黄色两种。大不过花生米。只要它们不惊慌蹦跳,人很难发现和伤害它们。由此悟出内心定力是多么重要。

而当它们长大,铺天盖地飞翔时,所有人的定力就没了。

1998年，蝗虫在山东、河南、河北和天津等地横扫80万平方公里，所向披靡。次年又在山东、河南、河北和天津等9省市横扫80万平方公里，不见敌手。

此虫虽小，威力无穷。

晚唐名僧贯休有诗《东阳罹乱后怀王慥使君五首》，其中提到——

> 只报精兵过大河，东西南北杀人多。
> 可怜白日浑如此，来似蝗虫争奈何。

蝗虫在此犹如部队乱兵，席卷而过，民不聊生。即便你手有寸铁又如何！一点点小力量，无法与带势之力抗争。"势"比"力"更重要。而蝗虫正是善于造势的一种昆虫。

但在《诗经》的"草虫"中，幼小的蝗虫"阜螽"，却没有一点点恶意，而是妇人怀想丈夫时，随手拈来的歌词。难道老祖先们没有受过蝗灾之苦？竟有心情如此看待它们的小宝宝？也许是因为爱情和思念的存在，将一切事物都美化了吧？

三千年前的女人们，在如此歌唱的时候，蠢蠢欲动的"阜螽"，其实是被中华文明的曙光照耀了，很温暖的感觉。

但这与后世很多咏及蝗虫之诗意象差别太大——

> 我闻古之良吏有善政，以政驱蝗蝗出境。
> 又闻贞观之初道欲昌，文皇仰天吞一蝗。

——出自唐代白居易《捕蝗》。连太宗皇帝都把蝗虫当作不可战胜的敌人，只能求老天爷帮忙，甚至不惜放下架子吞蝗虫，以表急切渴求之心。我的疑问是：这是一只烧熟的蝗虫吗？

因为现代人是吃蝗虫的。有一次我在合肥罍街便见过，只是不敢买。

当然，不敢吃蝗虫这种美味的人很多，错不在我。

美国人的"昆虫宴"里，就有当地蝗虫的倩影，用于招待贵宾，颇受欢迎。还有的国家将蝗虫制成罐头、饼干、雪糕呢！如果以医家的眼光看，暖胃、健脾、消食、止咳，都是蝗虫能参与整治的。李时珍《本草纲目》中对它的用途说得更多。

但是，抱歉，我坚决不吃蝗虫。在我少年时代的记忆，蝗虫除了大腿丰满之外，便无甚肌肉可取；其肚子里的粪便如酱油颜色，闻起来却不鲜美。老祖先们对蝗虫的记载，主流称为害虫，即便有些地方农民为蝗虫修庙礼拜，那也只是求它们别成灾。总之，它与老祖先们的食谱相距甚远。

明"崇祯十三年，开封大蝗，秋禾尽伤，人相食"（《河南通志》）。——可见，在蝗虫成灾的时候，人们宁愿吃同胞，也未说要以蝗虫做营养品。

但在民生愉快的岁月里，将蝗虫作为玩具，甚至点染其形象于艺术品，却是有的。宋朝诗人方回在《六月二十日雨》中吟道——

天怜野老饥，初不待人祈。

> 雷与奔腾骤，烟兼映带微。
> 已拼泥敝屣，更喜滴单衣。
> 暗想田塍上，禾秋蚱蜢飞。

——这里的蚱蜢可以理解为那种比较呆的大蚂蚱，也可以视为常见的蝗虫。而诗中的田野里，它们的存在造就了美丽意象，似乎体现了大地厚德载物成就一切的辽阔胸怀，无论对害虫还是人。

"阜螽"，终究还是挺可爱的。

蜻蜓

手如柔荑　肤若凝脂　领如蝤蛴　齿如瓠犀

做了一辈子害虫，还被美化

合肥孩子将天牛称为"板牯牛"，是咱儿时上好的活玩具。比如弄根线将其绑住，再扔起来让它飞，像放风筝一样。

这种害虫很多树上都有，大多是那种黑底白圆点的。其口器像夹子，看起来挺瘆人，一旦被咬住，也是很疼的。所以我们玩的时候，总是多加小心。但男孩子其实正看好这点危险性，玩起来才觉刺激。

为了抓"板牯牛"，我曾与小伙伴们在树林里钻来钻去。这虫儿比较呆，容易抓。它的翅膀被两个硬盖子一样的东西包住，起飞较慢，通常也飞不远。

> 手如柔荑，肤若凝脂。
> 领如蝤蛴，齿如瓠犀。
>
> （《卫风·硕人》）

先民用天牛幼虫蝤蛴，来形容美女的脖颈皮肤，感觉有点怪怪的，因为它蠕动起来，比一般的蛆动静还大，并不好看。

最近看网络视频，有人从树干里把蝤蛴剖出来，活鲜鲜的，

有的直接就塞进嘴里，令观众不禁打个肉麻的冷颤。这使我想起自己以前抓"知了猴"油炸了吃，其实差不多，无须五十步笑百步。而且全世界的天牛种类据说有40000多种，仅中国就有3550种左右，能吃的天牛及其幼虫，估计也不少，不必大惊小怪。在古代医家看来，多种天牛能入药呢！

> 治疟疾寒热，小儿急惊风及疔肿。(《本草纲目》)

具体到桑天牛，其幼虫在中药抽屉里被标注为"桑蠹虫"，能治劳伤瘀血、血滞经闭、腰脊疼痛等，作用不小。各种天牛的药用还略有差别，比如星天牛能"平肝息风"，能催乳！残忍的是，这些药用天牛通常都是用开水烫死，再晒干。

就是说，许多蠐螬的前途都是黯淡的。它们做了一辈子害虫，最终可能被人们扭转为有益的药材。这个结局与它们在古人诗文中的形象差距甚大。

> 绿云满压蠐螬领。
>
> 渐愧也、满怀香拥。
>
> 此际有谁知证。
>
> 但楼前明月，窗间花影。

宋代文人王齐叟在《失调名》中用了蠐螬的意象，延续了《诗经》的美。当然这是男性的审美眼光，对于女性来说，我就不相信她们会喜欢蠐螬。另一位宋代文人张耒在《赠人三首次韵道卿》中说：

> 未必蠐螬如素领，故应新月学蛾眉。
>
> ……

这都是将蟏蛸女性化,而用得多了,大家逐渐也习惯了。美,有时就是被硬捧出来的。而用此方法制造的所谓"美",在咱眼中颇为牵强,远不如"肤若凝脂"更有油滑的淡淡香味。因为虫子再幼小,总归比脂和玉粗糙。好在现代人再也不用蟏蛸形容美女,它作为一种"时尚"的形容词,已经进入历史。但这个时尚的寿命,确实很长。明朝大才子徐渭在《沈叔子解番刀为赠二首》中说——

> 知君本有吞胡气,太白正高秋不雨。
> 白蛇五尺自西来,出匣不多飞欲去。
> 佩此刀,向辽阳,土蛮畏死为君降。
> 阏氏纵有菱花镜,断却蟏蛸那得妆。
> ……

在此,蟏蛸"出口"了,形容"阏氏"之美,而阏氏代指北方少数民族君王的妻妾。说来肯定不对劲,因为剽悍的游牧人,可能无法认可这种赞美,他们更喜欢野蛮奔放的美,而蟏蛸的蠕动方式,与其性格完全不匹配,包括他们的女人。

由此上溯到苏格拉底,关于美的讨论其实是没有结果的。人群、时代的变迁,都可以造就一些美,也可以否定一些美。这时代的美女们大多喜欢暴露自己的肉体,你说她脖子像蟏蛸,可能会挨巴掌;而她们的暴露方式回到古代,十有八九会被扣上有伤风化的帽子,给打个半死。

所以，蜻蜓作为"历史文物"，曾经承载过诗意之美，但很难继续使用；而它作为药材的价值，却永远是美的。这有点歪打正着的感觉吧？

蛾

螓首蛾眉

巧笑倩兮

美目盼兮

当不成宠物，却扮演千年"美眉"

煤油灯时代的春夏天，蛾子来得比较多。这虫子外貌丑陋，但总比咱手头的作业好玩。只要它来，就可以放松一下。

蛾子比较傻。所谓飞蛾扑火，并非热情与献身精神，而是傻。咱一直想不明白，难道蛾子不怕烫吗？后来学了生物和物理才知道：蛾子趋光是习性；而惯性使它刹不住，冲进火里被烧焦。这是一种不会总结经验的虫子。

小时候将其逮住，发现它身上好多粉状物。大人警告说：赶紧扔掉，蛾子粉进嗓子里，会变哑巴！

> 螓首蛾眉，巧笑倩兮，美目盼兮。
>
> （《卫风·硕人》）

用蛾子（蚕蛾）触角形容美女眉毛，也不知出于什么"通感"？有点牵强。

唐代美女的眉毛，看起来并不像触角，而有点蛾子本身的意思。坦率地说，古画中唐朝仕女，在我眼中，几乎没一个美丽的。胖不说，那两点蛾眉也缺乏风度，更谈不上性感。现代日

本古装美女还有大唐的味道,同样经不起审视——不但满脸惨白,眼珠上那两点蛾眉也挺吓人。李贺《夜坐吟》中有道——

西风罗幕生翠波,铅华笑妾颦青蛾。

这里的"青蛾"还是指美女眉毛,皱来皱去的,惹诗人怜爱。但与"柳眉"相比,鲜嫩不足,也欠雅洁。可见文化"惯性"的力量是多么大!源自《诗经》的内容,后人好像不敢质疑、更改似的。要是我,宁愿"柳眉"到底,因为我不愿意"蛾眉"使美女变哑巴。

作为昆虫的蛾子,与蝴蝶十分类似。很多人不知道两者区别。其实很简单:蝴蝶停止的时候,双翅合并、竖起;而蛾子

停止时，双翅分开、趴着。两者活动时间也有白天、黑夜之别。可以说，蝴蝶比大多数蛾子显得"光明正大"。

有个流行词叫"幺蛾子"，通常是指喜欢生杂乱事的人。这对蛾子欠公正。人家虽然喜欢夜间活动，但看见光明，还是冒着生命危险去投奔，可见其本性还是敞亮的。它虽然不像蝴蝶一样在白天活动，但暗夜里，它也有一双向往光明的眼睛。

鬼蛾来翩翩，慕此堂上烛。
附炎竟何功，自取焚如酷。

——古诗将蛾子比喻为趋炎附势的小人，又冤屈了它。"飞蛾扑火"人性化之后，富含理想主义色彩。看起来蛾子是"趋

炎",但并不"附势",比小人还是好得多。小人为利益而扑火,火中取栗;蛾子似乎没有这个想法,它那一扑,单纯无比。清代大学者魏源在《读书吟示儿耆》中赞曰:

飞蛾爱灯非恶灯,奋翼扑明甘自陨。

——这又把蛾子塑造成懂爱憎的虫子了,同时具有英雄般的牺牲精神。这些比喻、夸张,都比"蛾眉"好,因为没有破坏美感,而是塑造了另一种美感、崇高感。

其实我觉得,人性是不需要用蛾子来象征的,人家终究是黑夜里活动的虫子,在原始本能的驱动、指引下,到处乱窜而已。与人类相比,蛾子因为不懂崇高、善良等等美好的词,反倒也不懂低劣、恶毒之类的坏词,它们一辈子的生活,单纯性倒是很像老子看重的"赤子",值得咱羡慕。又一位唐代诗人张祜《赠内人》中说:

禁门宫树月痕过,媚眼惟看宿鹭窠。
斜拔玉钗灯影畔,剔开红焰救飞蛾。

蛾子在此获得人类的同情。而"剔开红焰救飞蛾"意象背后的那位美女,是不是将自恋、自怜,投射到可怜的蛾子身上了呢?

就这么个其貌不扬的小虫,与咱们祖先的文化关系,比猫狗好像也不差些。虽然当不成宠物,却扮演了千百年的"美眉"!

苍蝇

苍蝇之声 匪鸡则鸣 朝既盈矣 鸡既鸣矣

单纯、纯洁的人，不视其为敌

儿时为了钓鱼，大夏天的，就冲进厕所抓苍蝇，也不怕漫天臭气。

厕所里一般都是那种绿头苍蝇，密密麻麻地趴在大粪上。手一挥，就是一把。

然后将苍蝇翅扯掉，装在瓶子里——有了大半瓶，即可去河边。将一只苍蝇穿在鱼钩上，甩竿子……

壕沟里有一种叫"参条"的鱼，长长的扁扁的，行动速度极快，还特别馋。它们会在第一时间咬钩……提竿……如此再三。半晌可获鱼一斤。

这是上世纪八十年代初期的情景。如今"参条"不多见了，只有很野的池塘里还存在吧？但苍蝇依然常常碰见的。

> 鸡既鸣矣，朝既盈矣。
> 匪鸡则鸣，苍蝇之声。
>
> （《齐风·鸡鸣》）

古老的苍蝇给我们和祖先带去相同的困扰和喜悦。看见苍

蝇，大致像看见月亮一样，因为我们与祖先所见略同。

随着年岁增长，我不喜欢这个物种。倒不是苍蝇真的有很大罪过，而是我的心灵不干净了。儿时的夏天，能在厕所里抓苍蝇，是因为并不觉得厕所很脏。而一挥手得来的一把绿头苍蝇，它们的脚上，还沾着大粪呢！

儿时的手，常常是臭的——但非常干净。

春天来了，苍蝇也复活了。在鲜花的海洋里，它们与花朵共生共存。并非所有的苍蝇都喜欢大粪，还有很多像蜜蜂一样，只爱花蕊里的甜品。有一次，我在派河岸边拍照的时候，遇到了一种不知名的苍蝇，从桃花瓣上蹬脚一飞，瞬间融于蓝天，姿势极为轻盈。

也不知苍蝇陪伴人类多少年了，如果真的失去它们，就一定是好事吗？这个似乎没有充分证明。人们厌恶它，无非是因为卫生问题。但回顾过去，在科技尚未发达，人们大多生活在肮脏环境的时候，苍蝇也不至于使人类大量灭绝——它们比子弹"卫生"多了。

我二伯父当年参加孟良崮战役，因苍蝇而获救——当时他身中数弹，昏死在地上。战斗结束，战友将其抬回去，但一直无声无息，所以被认为死亡，将他放进太平间。

也不知过了几天，我二伯父终于苏醒……他发现，左手腕中弹的地方，生了很多蛆。当然，这只是伤口之一而已。但这个伤口数天得不到治疗，也足以致命。好在有蛆将腐肉连同细菌一起吃掉，所以，没有进一步感染。我这个解释对不对？有请专家批评。总之，在我二伯父看来，是蛆救了他一命。很多年后，幼小的我见到二伯父，发现他左手腕不能戴表，因为明显比常人手腕细很多。

蛆，是苍蝇幼虫。在另一国度的人看来，比如非洲、亚马孙的某些原住民眼中，是上好的食品，能够补充高蛋白。澳洲的"乌兰者里"部落，人们就不怕苍蝇，因为他们在沙漠、草地行走很久之后，裸露的皮肤上产生很多脏东西，需要扑面而来的苍蝇将其清理掉。他们感谢苍蝇。

可否说，越是单纯、纯洁的人，越不视苍蝇为敌？所以苍蝇是人类心灵的一个量具,至少是年龄的一个量具。有时想想怪有意思的——苍蝇趴在大粪上,被人视为肮脏,他就不想想自己肚子里,正装着两斤大粪呢!

刚刚过去的冬天的一个下午,我站在阳台上抽烟,面前摆了个灌水的烟灰缸。我发现一只麻苍蝇掉在水中,被水面吸住了,怎么也逃不脱。当然,我不可能像儿时那样,直接用手指与它打交道。我找来一张小纸片,将麻苍蝇挑起,扔出阳台——它在半空振翅而飞,瞬间无影无踪。

我之所以救一只苍蝇,是因为它们的同类救过我二伯父。同时,我对苍蝇也没有大多数人的那种恶感。因为《诗经》都能容纳它,我干吗装清高呢?我又不比《诗经》雅洁!

蟋蟀

蟋蟀在堂

岁聿其莫

偶然获得一次高深体悟

三十多年前的一个冬天夜晚,我横穿校园去李卫国家玩耍。他妈妈说他去烧锅了。我就转而去一间老房子找。

这间老房子是清朝末年淮军将领庄园里残存的,已经被李卫国爸爸在里面建了灶台,支了大锅,晚上煮稀饭——卖给学生。当时好像只要几分钱一碗。但学生多,每晚收入也有十来块吧?这个数字很惊人。

李卫国正在往灶里添柴。顺便扔几个虫子进去。他看到我,很喜悦:最近来了好多蛐蛐!你看!说着,将背后柴禾拉开,墙壁上果然密密麻麻地趴满了蛐蛐。

冬天,蛐蛐也怕冷。

> 蟋蟀在堂,岁聿其莫。
>
> (《唐风·蟋蟀》)

蟋蟀就是我童年玩的蛐蛐。后来念书,学过鲁迅的《从百草园到三味书屋》,获悉大师的童年与我差不多:油蛉在这里低唱,蟋蟀们在这里弹琴。那种朴素的乐趣大约早已贯穿全人类吧?

遗憾的是，我的童年伙伴们不流行斗蟋蟀，通常只是拿在手中把玩一会，因此对蟋蟀的了解十分肤浅。我家所在的中学校园里，好像有几种不同的蟋蟀，李卫国扔进锅灶里的，是一种比较瘦小的，看起来毫无斗志。但草丛里抓住的蟋蟀，就不一样了，往往个头比较大，油亮油亮，巧克力颜色。

进一步了解蟋蟀，是在上小学之后，看得懂小人书了。记得有一册改编自聊斋的画册，说的是明朝故事，因为斗蟋蟀，害死一户农民的儿子，儿子魂魄变为蟋蟀复仇云云。但校园里的环境不提倡这类玩乐，始终没有斗蟋蟀的事情出现。这与祖先们流传深远的蟋蟀文化未能沾边，诚感遗憾。

有关蟋蟀的古籍专著很多，单名为《促织志》的至少就有四种。其中一个作者是贾似道，不过这个宰相的书没能流传下来，仅存目。风流才子宋徽宗也喜欢玩蟋蟀，在全国搜罗各种很牛的蛐蛐，据说误了国家大事。这个我不大相信，因为一个爱文化娱乐的皇帝比一般暴君可能更多点人性，他即便误事，也只是误了自己当皇帝的事，换一个皇帝对老百姓也无所谓吧？张养浩说"兴，百姓苦，亡，百姓苦"，所以国家大事在极权政治氛围里，对老百姓而言，基本都是屁事。

杭城斗蟋蟀，一只值万钱。
今日娱风起变化，京都不玩民间玩。

一位叫陈志岁的当代温州诗人在《蟋蟀谣》中如是说。其

实现在的京城人还是玩得厉害。每年 10 月的蟋蟀大赛,能在北京持续一个月,不决出冠军决不罢休。最厉害的蟋蟀被授予"虫王"美称。据说北京现有蟋蟀爱好者近十万,在"蟋蟀专业委员会"注册的就有一千多人。

坦率地说,我不认为这个事情很值得称道。因为既然有十万蟋蟀爱好者,就一定会有很大的市场来匹配。果然,资料显示 2010 年山东省宁津县被选为"中华蟋蟀第一县"!那里的老百姓养蟋蟀可以致富,目的是供应上海、北京、天津、杭

诗经动物笔记

州、南京、广州、深圳的"虫迷"!这个情景与信息时代的工作节奏好像完全不符,玩物丧志的古训难道真的过时了吗?

小蟋蟀,比头牛。

——这是宁津县乡村流传的说法。在一个至今未能摆脱农业大国身份的地方,这个说法给人的感觉有点空虚。如果更多的蟋蟀爱好者,能像法布尔那样研究《蟋蟀的住宅》,就好了。斗蟋蟀永远斗不出更高的知识层次、文化品位来。

养、斗蟋蟀,自唐朝天宝年间开始,兴于宋,盛于明、清,一路到今天,确实留下一些书籍,但总体韵味,都没能超越我童年的夏日夜晚,在草丛里听见的蟋蟀鸣叫。那清脆而略显辽远的声音里,有一种神秘,勾引孩子们好奇的心,忍不住去探索,去搜寻……

当我们打着手电筒悄悄靠近的时候,蟋蟀忽然安静了……整个世界都安静了……《大学》说:"……静而后能安,安而后能虑,虑而后能得……"道理于那一刻露出端倪,使我们在生命之初,偶然获得一次高深的体悟。

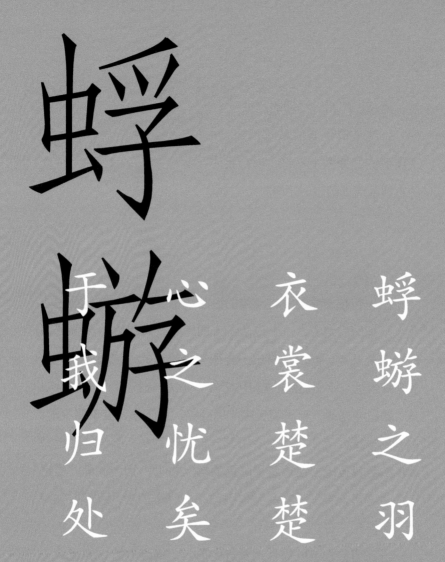

蜉蝣之羽
衣裳楚楚
心之忧矣
于我归处

真的比人活得短暂吗

夏夜的纱窗上常见一种小昆虫,淡绿色,挺漂亮,只是不能用手抓,否则,会留下一种类似"臭"的味道,其实也说不清是什么味道,总之令人不安。

这虫就是蜉蝣。小时候作业写烦了,倒也喜欢蜉蝣来灯下戏耍。用笔尖扎住它几乎透明像蜻蜓一样的翅膀,对着光细细观察,看它挣扎。除了淡绿色的,也有乳白色的,体态轻盈。只是不堪玩,太脆弱,一不小心就弄死了。

多数时候,我玩过就放了它。从窗缝挑出去……瞬间,它又扑回纱窗上……

> 蜉蝣之羽,衣裳楚楚。
> 心之忧矣,于我归处。
>
> (《曹风·蜉蝣》)

蜉蝣自古就被视为美虫。但《诗经》中提到蜉蝣,有学者认为是为了讽刺曹昭公,因为这位先生"好奢而任小人"。不过我没能从诗中看到逻辑关系。《诗经》中颇有些讽刺作品,都是

这样子，某物对某人，莫名其妙地就构成批判。

　　但中国古代文化中的蜉蝣，真正扮演的，是人生哲学符号。苏轼在《前赤壁赋》中说，"寄蜉蝣于天地，渺沧海之一粟"——它短暂的生命最引人慨叹无常。连亚里士多德用古希腊语给它命的名，意思都是"短促"。

　　2017年的夏天即将到来，蜉蝣正处于活跃前夜。而泰国的城市莫拉限早在4月3日，就被蜉蝣"轰炸"过一次。新闻说当夜"上百万蜉蝣全部落地后，像下了一层厚厚的雪"。

　　小时候不知道这种美丽的虫子只有一天寿命，还以为它是一种快乐的小蜻蜓。不过对于蜉蝣来说，寿命长短也许不是问题。它们从生到死，都在趋向光明。就像现代朦胧诗人顾城说的，"黑夜给了我黑色的眼睛，我却用它去寻找光明"——这是惊心动魄的事情。

　　蜉蝣毕生就是干人类这双眼睛的事。否则，它们不会在泰国城市夜晚的街道上铺一层。同样的奇观，在2013年8月25日晚上的多瑙河沿岸、2014年7月20日晚上的密西西比河流域也出现过。也许外国的蜉蝣与我们看到的不是同一种，但终归都是怀着蜉蝣的理想。

　　我并不想用一种昆虫来讽刺同类，包括我自己。因为寻找光明（包括感觉层面和理性层面）这事儿，本不用那么轰轰烈烈。更多时候，这是个人安安静静做的事，并且也不是非得时时刻刻都要追求，总还需要看看书、写写诗，来放松一段时间。只是蜉蝣短暂的一生与其强烈的趋光性，实在太感人了，导致我自愧"行"秽。

鱼儿特别喜欢蜉蝣，因为蜉蝣交配之后，雄性随即死去，是容易得到的美食。中国古书中也提到蜉蝣可以烧吃，味道似蝉。这一点使我疑惑，也许古人所言的蜉蝣，有几种并非"此蜉蝣"，而是"彼蜉蝣"吧？因为蜉蝣那么小而嫩，经不住手指一捏，更别说用于烧或烤了。

好在蜉蝣对人类真正深刻的意义，不在于吃，而在于文章开始提到的"符号"。作为人生哲学中貌似消极的符号，蜉蝣因为伤感而显示警告意义。晋朝傅咸《蜉蝣赋》说——

> （蜉蝣）不识晦朔，无意春秋。
> 取足一日，尚又何求？
> 戏渟淹而委余，何必江湖而是游。

——此处的蜉蝣具有了道家气息，是人生命的喧哗与骚动的对立面。而人与蜉蝣比较，最大的差别是不知足。现代人的生命通常在三万日左右，是蜉蝣的三万倍，但，蜉蝣真的比人活得短暂吗？这是个"生命相对论"问题吧？

伊威

伊威在室

蟏蛸在户

治牙疼，有奇效

上世纪七八十年代的孩子，难得一件好玩具。多数时候，我们是从身边常见物中选取，比如石子儿、冰棒棍等，还有就是活的动植物。

潮虫比较有趣。它很敏感。稍一触碰，就缩成球，像黄豆那么大。然后我们将其捡起来，轻轻扔出去，看它能滚多远。这一点与玩弹珠相似。

因为阴暗潮湿的地方往往有很多潮虫，它就不显得珍贵。在童年的记忆中，潮虫完全比不上知了、蜻蜓等小动物。

伊威在室，蟏蛸在户。

（《豳风·东山》）

"伊威"是先祖对潮虫的称呼，看起来像个外国人名字。鼠妇、负蟠似古雅一点。西瓜虫、地虱就很土很俗了。先民有机会比我们更多地接触它们。因为据说《诗经》那会儿的屋子，很多都是在地窝子上面盖茅棚。阴暗潮湿不用说了，肯定是潮虫乐园。

这东西满屋子爬，倒是不咬人，但看着腻歪，尤其不适合密集恐惧症患者。记得小时候掀开一块石头，潮虫就像礼花一样四散，速度还挺快。捏一只细看，只见其肚子下面全是脚，像波浪一样动。

上世纪八十年代末我上高中，学校食堂是座五十年代的建筑，里面潮虫也多。我不止一次在师傅炒的青菜、韭菜里面，挑出油盐味的潮虫和百足虫来。恶心归恶心，真若不小心吃掉它，其实也没事。中医认为潮虫酸、温、无毒，能治疗产妇尿秘、风牙疼痛等病。俗话说"牙疼不是病，疼起来要人命"，潮虫居然能在此时救人于水深火热之中！不禁令我刮目相看，油然而生敬意。潮虫在中医书籍上的名字特多，无法全部列举。而这些中医书籍出自中国东西南北很多地区，可见古人对潮虫研究得很深很透。

一种现代人看着不起眼还很厌恶的低级小虫，在祖先流传的文化中，占有很厚重的一角，这到底算古代医（药）学发达，还是因为现代科技进步而不得不抛弃它？从治疗牙疼来看，潮虫的功用似乎比西医药、器械来得简单、利索，更可贵的是，便宜！

虽然野外的潮虫对油菜、西红柿等植物危害很大，但比起化学肥料和农药，还不值一提。当野外土壤完全不能让潮虫生活的时候，我怀疑植物再茂盛，对人的意义都会降低、消失。

但这种非常原始的虫子,在古人传说中也有不美的一面,宋代大学者陆佃在其训诂书《埤雅》中有记——

鼠负(妇),食之令人善淫,故有妇名。

——希望这个说法别被当代商家发现,进而打着潮虫的幌子,去造新一代"伟哥"啥的。

但作为用途较广的中药材,现在很多地方的确开始重视潮虫了。为了采集它,人们想出很多方法,比如将草连根铲起倒盖在草坪上晒干,然后洒水保持潮湿,一个月后掀开,就能捉住很多潮虫。或者在阴暗角落挖坑放杯子,里面装点水果,不久也能吸引很多潮虫。

而大批量饲养潮虫则是麻烦事——温度、湿度、密度以及饲料、光照等,都有数字指标限制。这在我看来简直不可思议!因为小时候随便找个角落,都能抓住很多的潮虫,哪有这么脆弱呢?

其实,很多自然界的动物、植物,都因为人类看好,开始用其创造大量财富的时候,而变得娇贵脆弱了。这里面似乎有很明显的逻辑关系,也不知是好是坏。

蟏蛸

蟏蛸在户

伊威在室

有历史、有文化的蜘蛛

三四岁的时候,作为男孩我就开始担当给母亲壮胆的任务。冬夜,母亲去校园西边靠壕沟的厕所,根本没有路灯,只能带一支手电筒,拉着我。

对于幼儿来说,任何地方都有好玩的。比如厕所青砖墙上的蜘蛛。有一种蜘蛛将白丝织成八卦状,挂得较低,它藏在里面,有点像一只蚊子,很容易被发现。母亲用手电筒在墙上照,我就抓蜘蛛玩。

据母亲说,那种蜘蛛叫"喜戏",可以喂鸡。它善于蹦跳。但那时我已经是老手,每次都能抓住几只。

> 伊威在室,蟏蛸在户。
>
> (《豳风·东山》)

蟏蛸就是"喜戏",现在中国民间一般叫作喜子、喜蛛、壁蟢。这东西不起眼,且随着人居环境的改善,一般人家很少见,现在罕有文章谈它。这是个错误。因为祖先在《诗经》里还给了它一席之地。它不是普通蜘蛛,而是有历史、有文化的蜘蛛。

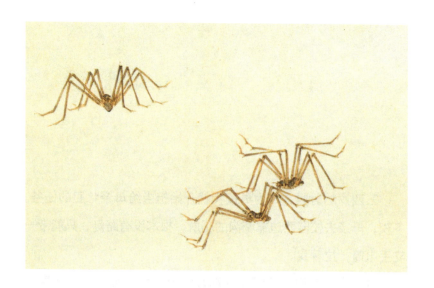

古人把喜子视为吉祥物。北齐文人刘昼在《新论·鄙名》中说:"今野人昼见蟢子者,以为有喜乐之瑞。"似乎将时间限定在白天,那么我幼时夜晚抓的那些喜子,就不算吉祥物吗?唐代大臣兼文人权德舆亦有一首《玉台体》诗道:

> 昨夜裙带解,今朝蟢子飞。
> 铅华不可弃,莫是藁砧归。

——藁砧,隐指丈夫。这位美女除了早上看见喜子,昨夜还发现自己裙带松开了。古人传说裙带松开是久在外的丈夫归来之兆,而喜子的出现,加强了好兆头。所以这位美女抓紧化妆,以迎接夫君。"蟢子飞"很形象地描述了这种轻巧蜘蛛惯常的运动方式。

　　喜子太瘦了，不是普通蜘蛛那种圆溜溜的大肚皮。它的食量可能很小，一年也吃不了几只苍蝇。我所见的喜子网上猎物，大多是蚊子、蚂蚁之类小昆虫。它之所以喜欢在人家、厕所墙壁上居住，大概也与食物需求量少有关。辽代诗人齐贤的《居士恋》道：

鹊儿篱际噪花枝，蟢子床头引网丝。

　　——喜子竟然在床头劳动，可见其与人类关系十分密切。历代诗人在提及喜子时，往往都爱将其与另一个吉兆并列，清代大文人金农《蟢子》诗里有一句——

双烛生花送喜频，红丝蟢子漾流尘。

　　——行文至此，与喜子双双出现的已经有：裙带、喜鹊、烛花。涵盖面还挺广呢！

　　古代因为卫生条件比不上今天，所以喜子之类的小动物能够常常出现，诗文中亦不时闪现它们的身影。某种意义上说，这些生物给他们的文章增添了不少"活的趣味"。同样的爱情活动，现代银幕或小说中的背景，大多是城市街道、轿车、咖啡馆、大酒店之类，是否导致了爱情的变异？而有喜子在场的男女关系，则更倾向自然。

诗经动物笔记

自《诗经》以来的两三千年，喜子没有任何发展进步，它们至今仍是喜子。最近我在乡村一处破旧的土房子里，还见过它，依然结着八卦网，等待两三千年前的那些小虫的后裔。而这座土房子的主人，是一位八十多岁的老太太，穿的衣服竟然是我童年常见的那种老样式。我忽觉时光倒流了。不过，我不得不刻意回避贫穷的感觉，而将其想象成古老的诗。

有些中国人就像喜子一样，停留在某个过去的时光里，与外界咋咋呼呼的发展进步自豪感没啥关系。

蟏蛸结思幽，蟋蟀伤褊浅。

——李白在《玉真公主别馆苦雨，赠卫尉张卿二首》中说道。这里的喜子没有了惯常的好兆头，而是有一点忧郁。并非所有的喜子都能带来欢欣。又一位叫储光羲的唐代诗人在《狱中贻姚张薛李郑柳诸公》说——

河汉低在户，蟏蛸垂向牖。

——显然，人生巨大困境里出现的喜子，已经没有任何欢乐气氛，而是一颗自由的心面对浩瀚宇宙，发出的深沉哀叹，只有喜子似乎在听。

宵行

熠耀宵行

町疃鹿场

五天即一生，赶紧去相亲

童年夏夜少不了与萤火虫耍耍。学校操场的草疯长到小腿肚高，我和小伙伴举着蒲扇在上面奔跑、追逐萤火虫，乃人生一大快事也！

我和圣勇各带一只小玻璃瓶，将萤火虫装进去，看它们在壁上乱爬，尾巴光闪闪，整个瓶子像灯泡。

记忆中还有个小伙伴，叫永生。每到夏天他就犯病，是一种脑病，人有些痴呆。我们童年的夏夜，他独自躺在竹凉床上，很安静。我和圣勇有时会悄悄溜到他凉床下面，忽然举起蒲扇，再忽然举起光闪闪的玻璃瓶……然后，永生就吓得啊啊叫。人之初，性未必善。

町疃鹿场，熠耀宵行。

（《豳风·东山》）

古典的夜晚有萤火虫明明灭灭，《诗经》称其为"熠耀宵行"。那时的乡野生物繁多，捕捉萤火虫可能是件危险的事。我小时候就被大人警告：有萤火虫的地方就有蛇！当然，这句话的目的只是叫小孩子不要乱跑。真正的萤火虫与蛇并无共生关系，它们闪光是为了求偶、交配。水生萤火虫的生命大多只有五天，这么短暂的时间内，要完成繁衍后代的任务，它们有的可能连饭都顾不上吃。

全世界约有2000种萤火虫，中国的种类有两个说法：54种，100多种。常见的三种：黑萤、姬红萤、窗胸萤。我小时候玩的是发绿光的萤火虫，背上两片土黄色甲壳，一张开，下面还有两片翅膀，一起扑扇，就不快不慢地飞起来。古人造"流萤"一词，很生动，因为萤火虫的飞翔轨迹不规则，像一条弯弯曲曲的小溪。

> 银烛秋光冷画屏，
> 轻罗小扇扑流萤。
>
> （杜牧《秋夕》）

古代富家女儿的生活据说比较封闭，但未必枯燥。除了接受琴棋书画之类的教育，还有闲心"扑流萤"。这种昆虫好像没太多实用价值，主要就是夜晚的一道风景。不过我没查中医资料，以免破坏了萤火虫的诗情画意。

读者要说了，著名的"囊萤映雪"难道不能为萤火虫的价值增光？毕竟在"囊萤"的照耀下，诞生过一位吏部尚书：车胤！问题是，这个晋朝励志故事的真实性如何？古代没有玻璃瓶，除非用很薄的纱囊装很多萤火虫，才有可能产生"灯"的效

果。穷困潦倒的车胤哪来的纱囊呢?

随着合肥这座城市扩大,我在夏天已经很少看到萤火虫了。在专家眼中,萤火虫是环境好坏的生物指标之一,就是说,现在很多地方环境已经不适合萤火虫生存,对人类也未必是个福音。回想童年时代追逐萤火虫的夜晚,田野里蛙鸣阵阵,还有蛐蛐、纺织娘等弹琴,整个大自然就像音乐厅。而那种和谐与美妙,现在不离开城市五十公里以外,就难以享受到。

> 月黑见渔灯，孤光一点萤。
>
> （查慎行《舟夜书所见》）

  这位诗人写的不是萤火虫，而是渔灯。作为一种意象，萤火虫的微弱光辉至今还在映照我们的文化历史。虽然看起来力量很小，但惊喜就寓于其中。

  前些年的一个夏夜，我站在自家阳台上，偶然发现楼下靠水塘的草丛里，有"孤光一点萤"！急忙下去查看，真的，好像有只萤火虫藏在那里——我打开手机电筒，看到一只比米粒稍长的蠕虫，全身萤光。显然，它是萤火虫的幼虫。珍贵！

  类似萤火虫的生物有不少。新西兰的岩洞里，有一种发光蕈蝇聚集，能制造出童话场景。台湾的萤光蕈也会发光，但在野地里容易被人误以为是"鬼火"。好在它们与萤火虫一样，都是这个世界沉入黑暗时的某种希望。只要心中无鬼，每一丝光明，都能让我们即刻获得方向感！

螺蠃

螟蛉有子
蜾蠃负之
教诲尔子
式穀似之

它能美容？那么，它完蛋了

那时代孩子们过暑假，不捅几只马蜂窝，就不算完美。我所在的旧地主庄园改建的校园，环境幽静，特别受马蜂青睐。

一天傍晚，王小三兴冲冲地找到小伙伴们说，教室屋檐下有个大蜂窝，要去砸下来吗？小伙伴们正闲得没事，嗷嗷叫着就跑去了。

我们不但砸下马蜂窝，还顺便砸碎几块窗玻璃。之后除了马蜂追我们，学校后勤主任也撵来了，他跑得比马蜂飞还快。我忽然感觉额头被刺痛……

之后十来天，我的头可以当伞用。两眼肿成一条缝，看世界就像看宽银幕电影。再后来，我就不敢招"蜂"引蝶了。连螟蛉都怕……

> 螟蛉有子，蜾蠃负之。
> 教诲尔子，式穀似之。
>
> （《小雅·小宛》）

蜾蠃的古今称呼非常多，蠮螉、蒲卢、土蜂、细腰蜂等，但它绝不是马蜂，更不是植物"果蠃"。马蜂主色调为黄，有虎纹，蜾蠃整体青黑。马蜂遵从集体主义，对人有强烈的报复心，但蜾蠃是独行侠，对人没兴趣。

因为"一朝被蛇咬，十年怕井绳"，导致我很多年来对蜾蠃认识不清，怀有恐惧。其实它在胡蜂科的昆虫中，算安静而温柔的。《小宛》提到它，甚至带有赞美，因为那时的祖先们，认为蜾蠃能够义务养育螟蛉。但这是个误会，南朝医学家陶弘景经研究指出，蜾蠃抓螟蛉，是为了提前给自己孩子储备奶粉。

十年前，我家还是一套红砖平房。父亲在西山墙那边开辟菜园，夏天常常能见到孤独的蜾蠃飞翔。有一次，我隔着纱窗看见它飞到窗棂下——不知啥时候，它在那里造了个花生米大的堡垒，似乎没完工。蜾蠃在其上转着爬，很快又飞走了。

我凑近细看，堡垒开着口子，大概是门吧？上面有芝麻大小的湿泥，估计当日即可封闭。但在封闭前，蜾蠃会在里面产卵，并留下至少一个肉虫——奶粉。

如此精巧的建筑和生育流程设计，显得蜾蠃非常有思想。周建人先生表示赞叹，他还特别记载小时候看蜾蠃攻击蜘蛛的情形——

在网下面一撞一撞地飞行……过几天后……那蛛网已破旧，而且已积有灰尘，分明网已空了……

——蜘蛛这么凶猛的肉食动物，都干不过蜾蠃。与蜘蛛相似的是，蜾蠃也会给虫子"打麻醉针"。它放在育儿室里的肉虫，其实都是活的，只是不能剧烈运动而已。这就保证了自己孩子孵出来后，有新鲜"奶粉"，而且不会受到其挣扎产生的意外伤害。

聪明的浙江人曾在农田悬挂竹管，引诱蜾蠃多多产卵，以消灭螟蛉之类的农业害虫，每只蜾蠃每天逮捕100条左右螟蛉，可谓壮观！

虽然古人常常将蜾蠃贬低，夸大了它的寄生性，还以此讽刺人，但其实蜾蠃在《诗经》时代，就一直默默地保护我们祖先的作物，滋养原初的文化。后来进入中医视野，又成了治疗耳聋、咳嗽、鼻窒、呕逆的药物。现代人甚至开始研究蜾蠃的美容功能。看样子，这种孤独的昆虫即将进入聚光灯下，永久丧失安宁和自由。

蜩螗

如蜩如螗
如沸如羹

再清高也要吃油炸知了猴

我最近一次吃油炸知了猴是 1994 年夏天。师部大院里高大白杨树多，晚上我和队长打着手电筒在林子间转悠，有些知了猴爬到一人高的地方，伸手就能取下。

当时海鹏和云峰在另一片林子抓知了猴，他们带了步话机，弄得很酷的样子。然后我们在队长的小屋汇合，将百十只知了猴倒在大铝盆里洗刷。隔壁女兵们都来看，咿咿呀呀，满屋子小姑娘的娇香。

司务长准备了菜油，将知了猴分两批炸好。全队三十多个男女兵，都来品尝。我只吃了一个。嫌它土腥气，像嚼肉乎乎的树根。

如蜩如螗，如沸如羹。

（《大雅·荡》）

《荡》里的蜩、螗都是蝉类。蜩体形较大，螗较小。

因为我经常独自在部队外的田野散步，就有机会看到螗。它活像牛尾巴苍蝇，趴在树皮上，老远就听见其持续不断的尖锐

叫声。循声过去,只要不弄出大动静,它也不在意。然后再靠近,一巴掌拍到树干,就能抓住。那时我还不知道成语"蜩螗沸羹"来自《诗经》。

知了的叫声不为大多数人喜欢,拿鲁智深的话说就是太"聒噪"。清代才子赵翼《耳聋》诗就很烦它:"世务纷蜩螗,聆之本何益。"虽然这是以蝉骂人,却足以否定其价值。但也有些文人用蝉鸣来营造诗情画意,"蜩螗晚噪风枝稳,翡翠闲眠宿处深",这是五代诗人齐己《移居西湖作》中的一句。

我印象中有一次好玩的论争,关于朱自清先生《荷塘月色》里的蝉声。有人推测那是秋天无蝉的时候,有人说晚上蝉不鸣。

总之朱先生写错了。可是我亲耳听到过蝉在晚上鸣叫,虽然很少。并且秋天也出现一种蝉,名字就叫"寒蝉",是每年最后出现的一种蝉。浪子柳永的"寒蝉凄切,对长亭晚"大概就是写它的。

因蝉鸣而感怀的诗人不止柳永,之前的骆宾王因为得罪武则天,被投入大牢——

......

西陆蝉声唱,南冠客思深。
不堪玄鬓影,来对白头吟。

......

——可怜的大才子落魄了。他不会来一套才华横溢的《肖申克的救赎》,只能听着牢房外的蝉鸣,在墙上抹几句诗。而与他同处大唐王朝的其他诗人,也多有咏蝉者。虞世南一句"居高声自远,非是藉秋风",被后人赞为"清华人语";李商隐一句"本以高难饱,徒劳恨费声",被后人释为"牢骚人语"。因作者性情、经历之不同,蝉的意象千变万化,蔚为壮观。

在师部吃知了猴之前的一个夏天,副连长吹哨子集合,将兄弟们拉去训练,地点是一处杨树林。我从来没有见过那么壮观的景象——无数蝉蜕在树干、树叶上趴着。大的比较少,是褐色;小的特别多,半透明的白色。这要是搁现在,被山东、山西、安徽人知道了,餐馆一定会大赚一笔。肯定不会有那么多

蝉蜕出现的——根本来不及蜕。据说安徽某些地区的夏天,已经罕有蝉的聒噪。

多年前,一位老熟人胸前挂了只"蝉",黄褐色。我都不相信那是玉做的。待知道来源后,不禁大惊——古墓里的玉蝉!怎么敢将它挂脖子上呢?一般情况下,这应该是周朝至汉朝死人喜欢含在嘴里的东西。据说有让死人复活的意义,对活人有啥好处呢?

更早的时候,商代青铜器也有蝉的形象,可见它作为文化符号蛮古老了。但在历代的艺术品中,蝉不是特别流行。有些画家喜欢用它点缀画面,但很少是主角。不过这些做法一定程度上淡化了其"聒噪",让人意外地获得一丝内心的安宁。

其实蝉是昆虫中性格很

孤僻的一种，它的聒噪并不为表现烦恼。一只躲藏在密叶间的虫子，与大自然充分融合，其实是幸福和欢乐的。并且给古代文人的另一种印象是：风餐露宿不食人间烟火，因此显得高洁。

蝉还有蛾子的趋光性，夏天的晚上在林子间燃一堆篝火，再把树木敲打敲打，受惊的蝉就会扑到火边。我怀疑先民可能会以此种方式为自己准备夏天的宵夜——因为我小时候吃过烤蝉。其胸部有一点肉，味道尚可。

蚕

妇无公事

休其蚕织

虫屎填枕头，清肝明目

民国时代江南的春夜飘来沙沙的声音，是蚕在蠕动、进食。缫丝厂星罗棋布，都是乡村的希望所在。有的甚至青史留名，比如费孝通先生在《江村经济》里提及的那一家。

上世纪八十年代我在合肥乡村见过蚕，一个个趴在大簸箕里，很慵懒的样子。当地农民不知被谁鼓动，忽然兴起养蚕，还专门开辟一片桑树园。后来不了了之，显然是没赚到想象中的钱。

我因此获得一只蚕蛹，土黄色的，带回家玩。后来扔在床头就忘记了，直到一只蚕蛾破茧而出……

> 妇无公事，休其蚕织。
>
> （《大雅·瞻卬》）

据说周幽王宠爱褒姒导致天下大乱，所以诗人在《瞻卬》里骂褒姒：不去养蚕缫丝却干扰政事。我若是周幽王一定很生气：关褒姒什么事？明明是我自己好德不如好色嘛！你有话就冲我说，别伤我褒姒！

上古时代的女性地位,一种是靠周幽王等男性来拔高,但通常持续不久。另一种是靠工作来提升,这就很保险,比如养蚕缫丝。而且这种情形至少持续到民国——《江村经济》里自从出现一家缫丝厂,村妇就敢骂自己丈夫。蚕的功劳可谓大矣!说它支持了早期的西蒙·波伏娃们,未尝不可。由此,古人对蚕的崇拜如长江之水,滚滚,绵绵。

《搜神记》中"女化蚕"可供一笑。说的是一位叫蚕女的姑娘,爸爸被人抓去,只剩下他骑的马。蚕女母亲情急中说:"谁能救回,就将蚕女嫁给他。"——马闻言,绝绊而去!不久,父亲骑这匹马回来了。但他怎肯将女儿许配给畜生呢?当即杀马、剥皮、暴晒。不料蚕女接近马皮的时候,被它席卷而去,停在桑树上,蚕女化为蚕……

这个传说可以有很丰富的解读。若从女人与蚕的关系来看,显然是蚕、女一体。而马夹在其中,就有点伤感,是虚无和徒劳。川端康成由此给《雪国》主人公命名为"驹子"。而这位文学巨擘的结局,比那匹马好不了多少。

有学者说"蚕桑文化是中华文明的起点"。也许略微夸张。但在中华文明的源头,蚕桑文化至少具有启明星的亮度。中国人四千年的养蚕史,解决的主要是少数人的穿衣问题,当然农夫农妇也因此混个温饱,但完全靠蚕来启动和推动文明,就否定了初期的狩猎、采集以及后期农业发展的贡献。

蚕桑文化的象征意义,远远大于其实际功用。"王后亲蚕,以共祭服"——《谷梁传》记载齐国桓公十四年的一次宫廷仪式,一直流传到清朝灭亡。王后、皇后率领贵妇喂蚕,乐趣大大的,与农妇的辛劳相比,只是游戏而已。安徽人管仲在此或许影响巨大,他担任齐国相爷的时候,大力推广蚕桑业,不惜以黄金和粮食作奖赏,另外还免兵役……就是说,山东可能是中国蚕桑业最早发达的地区。但真正把蚕桑业推向辉煌境界的,还是南方人。先是从浙江开始,沿着江苏、四川、广西一路高歌猛进。

"桑柘含疏烟,处处倚蚕箔,家家下渔筌……"诗人陆龟蒙描绘太湖一带乡村生活的时候,大唐王朝之花即将凋零,但江南依然红红火火。之前的安史之乱对北方的破坏,还没有深刻影响到这边。蚕桑大业南移的历史,被很多诗人留下文字轨迹。南宋范成大有《田园杂兴》一首——

三旬蚕忌闭门中,
邻曲都无步往踪。
犹是晓晴风露下,
采桑时节暂相逢。

——这也是太湖一带的乡野风光。作为吴越旧地,这片土壤曾被先祖视为蛮夷,蚕桑文化对其形象的改变和重塑,功莫大焉!

而且南方人普遍比北方人好吃,所以,我个人怀疑关于蚕的菜肴,都滥觞于他们。"白僵蚕蛹"看着丑陋,但可炒可炸,据说老少咸宜。虽然我至今不敢尝一粒,但也绝不忌讳古代医家用蚕砂(屎)炒热、装袋,为人们治疗关节炎、半身不遂。民间用蚕砂填充枕头,是为了清肝明目,而今多少人知道呢?蚕桑文化好像正在渐渐荒芜……

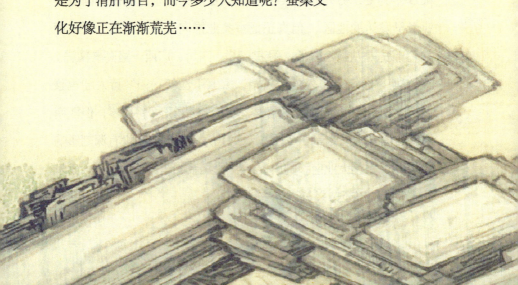